AF493733

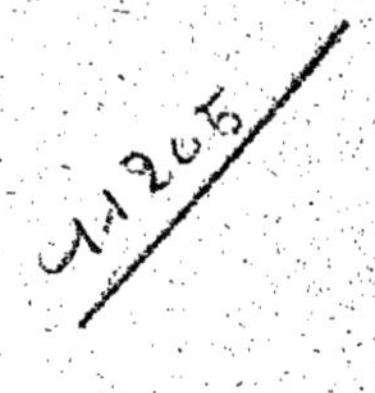

16.

typographie. Le premier fascicule sera réimprimé après la der[...] de la grammaire et livré aux souscripteurs en échange du fascicu[le] lithographié.

Pour répondre à la demande qui nous en a été souvent fait[e,] contrairement à ce qui avait eu lieu jusqu'alors, nous vendron[s] à l'avenir séparément le premier fascicule autographié formant [un] tout complet qui s'adresse aux philologues en général. Il portera dorénavant le titre de :

Introduction à l'Etude des écritures et de la langue égyptiennes.

Mais il ne pourra sous aucun prétexte être échangé contre l'édition imprimée en typographie, destinée aux seuls souscripteurs [de] l'ouvrage complet.)

CHRESTOMATHIE ÉGYPTIENNE

OU

CHOIX DE TEXTES ÉGYPTIENS

TRANSCRITS,

TRADUITS ET ACCOMPAGNÉS D'UN COMMENTAIRE PERPÉTUEL

et précédés

D'UN ABRÉGÉ GRAMMATICAL,

PAR LE VICOMTE EMMANUEL DE ROUGÉ,

DE L'ACADÉMIE DES INSCRIPTIONS ET BELLES LETTRES.

PARIS
LIBRAIRIE A. FRANCK,
67, RUE RICHELIEU.
1867.

Introduction
à l'étude des Écritures et de la langue Égyptiennes.

Nous avons pensé qu'il serait très-utile pour les personnes qui voudraient aborder sérieusement les études Égyptiennes, de faire précéder les textes traduits et commentés qui composeront la Chrestomathie, par un résumé des principes de lecture et de grammaire, adoptés aujourd'hui généralement dans l'école de Champollion. Les nombreux savants qui se font gloire de suivre les traces de cet illustre maître, ne sont plus séparés que par des dissentiments légers sur les règles qui doivent diriger les transcriptions et l'interprétation des hiéroglyphes : il nous suffira de quelques notes pour indiquer les points encore litigieux.

La grammaire de Champollion fondement de toute la science, expose un grand nombre de questions avec un développement suffisant ; lorsqu'il en sera ainsi, nous nous bornerons à une courte analyse, en renvoyant le lecteur aux numéros de cet ouvrage, et nous réservant de donner un peu plus de développement aux points nouveaux ou contestés.

Depuis que nous avons appelé les Égyptologues à la discussion méthodique et rigoureuse des textes, dans notre Mémoire sur l'inscription du tombeau d'Ahmes, Chef des nautonniers, plusieurs travaux importants ont été publiés dans cette voie féconde : ils ont beaucoup enrichi nos connaissances dans la Grammaire Égyptienne (1). C'est un devoir de payer ici un juste tribut d'éloges aux grandes Traductions de M. Birch, aux études de toutes sortes publiées par M. Brugsch et particulièrement à sa Grammaire Démotique et à son beau livre sur la Géographie ; au savant travail sur l'Alphabet de M. Hincks, aux études égyptologiques de MM. Chabas, Devéria, Le Page-Renouf, Dümichen &c. et aux traductions, si remarquables, des anciens Papyrus, dues à M. Goodwin.

Ce n'est qu'en étudiant minutieusement ces ouvrages, que les philologues pourront se mettre complètement en possession des derniers progrès, accomplis de toutes parts dans l'interprétation des Textes égyptiens, de même que les publications successives de M. Lepsius, l'histoire d'Égypte de M. Brugsch, l'Abrégé historique de M. Mariette, et nos propres mémoires historiques, lui feront suivre les découvertes qui ont successivement agrandi le domaine de l'Histoire.

Notre but est d'introduire, aussi rapidement

---

(1) V. ce mémoire dans le T. III 1re Série, des Mémoires des savants étrangers, recueil de l'Académie des Inscriptions : lu à l'Académie en Mai 1849, imprimé en 1851. En comparant ce travail à notre étude sur une Stèle de la Bibliothèque Impériale, publiée dans le Journal Asiatique en 1856, 1857 et 1858, on jugera suffisamment la marche de nos études.

que possible, aux études hiéroglyphiques, une personne que nous supposons préparée à ce genre de travaux, non seulement par de bonnes études classiques, mais encore par une connaissance au moins sommaire de la langue copte. On ne saurait du reste répéter avec trop d'insistance qu'il serait illusoire de promettre un succès complet à un archéologue superficiel qui n'aurait pas exercé son esprit aux disciplines philologiques, et pour qui les langues sémitiques, notamment, seraient restées lettre close. Nous chercherons à être aussi bref que le sujet le permettra et nous serons très sobre d'exemples, la Chrestomathie est destinée à les suppléer. Elle offrira un premier champ de travail où nous voudrions convoquer une partie de la jeunesse studieuse de notre pays : elle comprend trop bien l'intérêt que présente l'histoire de trente siècles reconquise par l'interprétation des monuments pour que notre espoir soit complètement déçu. Le travail assidu que nous avons vu accomplir depuis six ans au Collège de France par nos auditeurs excite également notre confiance et c'est à eux spécialement que nous avons songé en donnant une forme plus didactique au résumé des leçons qu'ils ont entendues.

Nous serons très bref sur la syntaxe et ici nous ne craignons pas d'avouer notre indigence. Cette partie de la grammaire égyptienne est à peine ébauchée ; elle s'édifie chaque jour par l'analyse des textes, et la chrestomathie s'efforcera d'en suivre et d'en développer les progrès, par le commentaire détaillé des textes traduits.

C'est aussi pour ne pas nuire à la rapidité des premières leçons que nous renvoyons à des appendices l'étude de quelques points spéciaux dont la discussion exigerait de véritables dissertations et serait difficilement comprise par les commençants.

1er Septembre 1866.

Section 1re.

Systèmes graphiques.

La Grammaire de Champollion contient des appréciations générales qui correspondent à diverses époques de ses travaux, il en est certainement plusieurs qu'il eût rectifiées ou supprimées plus tard, si la mort lui en eût laissé le temps: le lecteur attentif qui voudra comparer ces prolégomènes aux numéros correspondants de la Grammaire Egyptienne, saisira promptement la raison des différences qu'il remarquera entre les vues de Champollion et celles que nous puisons aujourd'hui dans les progrès de la science qu'il a fondée.

1 — Les éléments de l'Ecriture Egyptienne se composent d'un certain nombre d'objets existant dans la nature et imités par le Dessin ou par la Gravure.

2 — Les écritures égyptiennes peuvent se diviser en trois systèmes graphiques auxquels on a donné les noms d'écriture hiéroglyphique, écriture hiératique, et écriture démotique: ces trois systèmes proviennent l'un de l'autre par des abréviations successives. (1)

---

(1) Comparez la grammaire de Champollion Nos 1, 2, 3, 4, 5.

3 – En considérant les caractères hiéroglyphiques indépendamment de leur valeur dans l'écriture, et simplement par rapport à leur forme matérielle, il est nécessaire, pour mettre de l'ordre dans nos études, de les classer dans un certain nombre de séries. Voici l'ordre que nous avons adopté: il comprend 21 Chapitres et nous a paru suffisamment divisé pour faciliter les recherches. (1)

A – Astres, Ciel, Terre.
B – Hommes, Dieux à corps humain.
C – Femmes, Déesses.
D – Diverses parties du corps humain.
E – Mammifères.
F – Oiseaux.
G – Sauriens, Batraciens, Poissons, Insectes, Reptiles.
H – Arbres, Végétaux de tous genres.
I – Plans d'édifices, Constructions, Portes, Colonnes, Pierres, Bassins &.
J – Navires, Voiles, Rames, Gouvernails.
K – Vêtements, Parures.
L – Musique, Ecriture.
M – Meubles, Ustensiles.
N – Instruments des arts, Mesures, Balances.
O – Pêche, Chasse, Guerre.
P – Couronnes, Sceptres, Insignes portatifs.
Q – Pains et autres objets d'offrande.
R – Paniers, Corbeilles et Vases.
S – Lignes droites, brisées ou Courbes.

---

(1) Voyez Grammaire Champollion Nos 6, 7.

T — Cordes, nœuds.
U — Plans, Cônes, Cercles, Disques.
V — Objets inconnus.

Cette dernière série contient beaucoup de caractères, qui devront être répartis dans les autres chapitres, à mesure que leur nature aura été déterminée.

Nous classons les images monstrueuses d'après la partie qui semble y dominer au premier coup-d'œil : c'est ainsi qu'on trouvera le symbole de l'âme, auprès de l'épervier et le sphinx, auprès du lion.

4 — Les hiéroglyphes sculptés en grande dimension, sont souvent peints des couleurs naturelles à l'objet, ce qui peut aider puissamment à en reconnaître la nature. (1)

Les couleurs conventionnelles de certains objets ont varié avec le temps, et les études paléographiques restent à faire sur ce détail important.

5 — Le dessin complet des hiéroglyphes demandant une certaine habileté et un temps considérable, l'écriture les réduisit à un petit nombre de traits caractéristiques, à une sorte de légère esquisse : c'est ce que nous nommons, avec Champollion, hiéroglyphes linéaires : chaque image y conserve son type d'espèce, autant que le permet le dessin le plus rapide ; c'est ainsi que la Chouette,

(1) Comparez Champol. Gr. Nos 9 — 23.

abrégée de s'y distingue encore essentiellement de l'Aigle abrégé de ; l'un et l'autre y conserve cependant son type d'oiseau et même d'oiseau de proie.

Il est à noter que les formes linéaires des anciennes époques sont très différentes de celles qui nous sont connues par les rituels funéraires des derniers temps, tels que le manuscrit de Turin, publié par les soins de M. Lepsius. (1)

6 — Les hiéroglyphes linéaires ne se prêtant pas suffisamment à une écriture très-rapide, on en fit promptement une abréviation, où le tracé devient presque conventionnel, car la nature des objets figurés ne se reconnait plus au premier coup d'œil, dans la plupart des cas : cette écriture est celle que Champollion a nommée hiératique, suivant l'interprétation qu'il donnait à un passage de Clément d'Alexandrie. Pendant la durée presque entière des dynasties pharaoniques, l'écriture hiératique fut habituellement employée dans les papyrus et pour les actes de la vie civile : certains textes sacrés étaient seuls écrits en hiéroglyphes linéaires. Le nom particulier d'hiératique (si toutefois c'est bien réellement l'écriture dont nous parlons en ce moment que Clément d'Alexandrie a voulu indiquer par ce mot) n'a donc pu lui

(1) Comparez Champol. Gr. N°s 26-28.

être appliqué que plus tard, quand l'écriture démotique s'empara des usages de la vie civile. (1)

7— Les caractères de l'écriture hiératique sont dérivés, signe par signe, des caractères de l'écriture linéaire du type le plus ancien; on pourra observer cette origine dans les tableaux que nous donnerons pour les signes alphabétiques sous leurs diverses formes. (2)

L'étude méthodique de la Paléographie des papyrus réclamerait la publication de tableaux très étendus comprenant les diverses formes hiératiques de chaque figure, rangées suivant l'ancienneté des monuments; mais ce travail manque encore entièrement à la science. Lorsqu'on possède, pour un signe, tous les degrés par les-quels a passé l'abréviation, on peut suivre avec certitude la marche des écrivains des divers temps et l'on n'est plus obligé d'admettre, avec Champollion, que certains signes hiératiques n'aient eu avec leurs types hiéroglyphiques que des rapports arbitraires.

8— Les signes hiéroglyphiques se disposaient soit en lignes horizontales soit en colonnes verticales. La lecture doit être faite ordinairement en commençant par la droite; quelquefois au contraire

(1) Comparez Champol. Gr. N.os 29 — 32.

(2) Comparez Champol. Gr. N.os 33 — 38. Les exemples choisis par Champollion sont d'un type beaucoup trop récent, en sorte qu'ils justifient parfois insuffisamment le passage des hiéroglyphes linéaires à l'hiératique.

par la gauche. Les têtes des animaux, ainsi que les parties saillantes de divers signes, indiquent le côté par lequel la lecture doit commencer.

Quelques hiéroglyphes sont tracés intentionnellement dans le sens inverse; ainsi, dans le mot an, qui signifie revenir, la direction est de droite à gauche, c'est ce qu'indique le sens de la main au bout du bras; mais les jambes sont tournées en sens inverse, parcequ'elles sont ici symbole de l'idée de revenir, retourner.

On trouve quelquefois des papyrus où les colonnes se suivent de gauche à droite, quoique, dans chacune d'elles, l'écriture soit tracée de droite à gauche.

9— Par une exception qui tient sans doute à quelque raison mystique, certains textes sont écrits dans un système que l'on peut nommer rétrograde, groupe par groupe; il faut les lire dans l'ordre inverse de celui qu'indiquerait la disposition des caractères. C'est ainsi qu'on lira, en commençant par la droite: Suten tu hotep ra

ra | hotep | tu | Suten

. Ces exceptions se rencontrent surtout dans des textes funéraires.

10— L'écriture hiératique se traçait toujours de droite à gauche: les signes y sont disposés en lignes horizontales. Dans une haute antiquité, on trouve quelquefois les signes hiératiques écrits en colonnes verticales. Les papyrus hiératiques du Musée de Berlin présentent des colonnes de signes hiératiques, alternant avec des pages remplies de lignes horizontales; ils appartiennent à la XIIe Dynastie.

On trouve quelquefois aussi des textes funéraires anciens, où les colonnes contiennent un mélange de signes hiéroglyphiques linéaires et des signes hiératiques. (1)

11 — L'écriture Démotique est une nouvelle abréviation des signes cursifs anciens que nous nommons hiératiques: elle parait s'être introduite insensiblement dans les usages civils, vers le 8e siècle avant notre ère. On voit l'écriture cursive, dans les manuscrits qui se suivent sans interruption paléographique jusqu'aux Ptolémées, perdre successivement les traits qui liaient les signes hiératiques à leurs types hiéroglyphiques et se déformer petit à petit: ils finissent par ne plus présenter aux yeux que des Sigles qu'on pourrait croire arbitraires. La Grammaire de M. Brugsch suffit pour donner une connaissance très-étendue du système démotique; il est à regretter que l'appréciation des formes les plus archaïques de cette écriture y manque presque absolument. Les contrats du temps de la XXVIe Dynastie et ceux du règne de Darius forment une écriture de transition dont l'élucidation n'a pas encore été sérieusement tentée et qui pourrait seule éclairer la valeur

(1) Comparez Champol. Gr. N° 39 — 47.

et l'origine de beaucoup de sigles démotique

Des caractères considérés par rapport à leur valeur dans l'écritu

12 — L'écriture égyptienne se compose d'un mélange de signes de deux ordres bien distincts: les uns y sont idéographiques, c'est à dire que chacun d'eux y représente une idée; les autres y sont phonétiques, c'est-à-dire qu'ils y représen-tent un son, soit une simple articulation de la voix humaine, soit une syllabe complète La combinaison de ces deux ordres de signes était effectuée, d'après des règles précises, dans l'écritu des mots.

Des signes idéographiques.

13 — La division la plus naturelle à introdu dans cet ordre consiste à séparer les signes figu des signes Symboliques. (1)

Les signes figuratifs expriment précisément l'idée de l'objet dont ils présentent à l'œil l'im plus ou moins exacte: on reconnaîtra ainsi immédiatement un arbre , une étoile ☆, ou un lion .

14 — Les caractères Symboliques ne représen une idée qu'à l'aide de certaines analogies que l'esprit perçoit entre le symbole et l'i qu'on y a rattachée. Les divisions qu'on a in-duites dans cette classe ne nous paraissent pa

---

(1) Comparez Champol. Gr. N.° 48 — 49.

d'une grande utilité pratique (1); bornons-nous à remarquer qu'un symbole simple ne présente qu'un seul objet; comme le soleil ☉ quand il est pris dans le sens symbolique de jour; ou la touffe de plante d'eau symbole de l'Egypte Septentrionale.

Un symbole peut au contraire réunir plusieurs objets, pour amener l'esprit à une seule idée: c'est ainsi qu'une étoile, sous la voûte céleste, représentait la nuit. On rangera également parmi les symboles complexes, toutes les divinités figurées par un homme ou un animal ornés de coiffures ou d'insignes spéciaux, tels que Anubis, Neith &c.

15 — La valeur des signes idéographiques peut être reconnue par divers moyens: on conçoit d'abord que le sens des signes figuratifs ne nécessite aucune autre recherche que celle de bien déterminer l'objet figuré. Quant aux symboles ils sont souvent expliqués par le témoignage des auteurs classiques; leur valeur peut aussi résulter de l'étude attentive des documents bilingues, tels que la pierre de Rosette. La signification de ces caractères et surtout leur lecture peut encore être obtenue par une exacte appréciation des mots qui ont été écrits en caractères phonétiques, combinés avec des caractères idéographiques, ainsi qu'il sera expliqué plus loin, et surtout

(1) Comparez Champol. Gr. N°. 50.

par les variantes que comporte l'emploi de ces signes de divers ordres pour écrire le même mot.

Des Signes phonétiques.

16 — Les signes phonétiques représentaient ou une simple articulation ou un son complet, c'est-à-dire une Syllabe entière: la méthode hiéroglyphique comprend donc un Alphabet et un Syllabaire.

Suivant Champollion, l'Alphabet aurait été obtenu en donnant à chaque objet la valeur phonétique que comportait l'initiale de son nom c'est ainsi que l'Aigle [hiéroglyphe] aχem serait devenu l'a; la bouche [hiéroglyphe] ro l'r &c. Ce principe, probable en lui-même, ne peut pas être démontré par nous aujourd'hui, pour une grande partie de l'Alphabet, (1) par suite probablement de la perte de beaucoup de mots antiques.

17 — L'Alphabet se présenta aux recherches de Champollion, sur les monuments des époques grecque et romaine, avec un grand nombre d'homophones pour chaque articulation; mais il observa bientôt lui même (2) que cette abondance de variantes n'était pas très-ancienne. En effet plus on remonte vers l'antiquité, plus la méthode se simplifie et l'Alphabet des temps primitifs n'admet qu'un très petit nombre d'homophones. (3)

---

(1) Comparez Champol. Gr. N.° 52 – 55.

(2) Comparez Champol. Gr. N.os 56 - 59

(3) C'est à M. Lepsius, dans sa lettre à Rosellini, que la science

18 — Quoique Champollion n'ait pas admis en principe une classe de signes nommés Syllabiques, on doit reconnaître néanmoins qu'il a parfaitement lu et indiqué plusieurs signes à valeur phonétique syllabique, en leur donnant toutefois le nom de signes initiaux : nous ne nous servons pas de cette dénomination, parcequ'elle manque d'exactitude, ainsi qu'on le verra plus loin.

Articulations de la langue Egyptienne.

19 — La détermination du nombre exact des articulations que les hiérogrammates avaient distingué dans la langue égyptienne présente de sérieuses difficultés. La comparaison avec les articulations des langues qui figurent dans les monuments bilingues, ne peut pas donner des résultats assez précis pour atteindre ce but, d'une manière absolue, parceque les nuances sont loin d'être les mêmes dans les divers idiômes. Champollion remarqua, dès l'origine que les romains et les grecs possédaient plusieurs lettres parfaitement distinctes dans leurs langues et que les égyptiens confondaient dans leurs transcriptions. Il existait au contraire quelques articulations

---

doit le premier travail méthodique où cette distinction ait été indiquée: Salvolini avait au contraire, introduit la confusion la plus opposée à toutes les règles de la critique dans son analyse de l'inscription de Rosette.

égyptiennes conservées dans la langue copte et qui n'avaient pas de représentant spécial en grec ou en latin. Heureusement pour nous, ces articulations égyptiennes possèdent au moins des analogues dans les langues sémitiques, et les nombreuses transcriptions de mots sémitiques que nous possédons aujourd'hui, jointes aux traditions de la langue copte, nous permettent de les apprécier suffisamment.

20 — Il semble au premier coup d'œil que l'étude des variantes devrait fournir une table exacte des homophones, et donner immédiatement la liste des articulations distinctes. Mais on observe, en Égypte comme dans les inscriptions de tous les peuples, certaines licences d'orthographe et des oscillations entre les diverses nuances, dans la même classe de lettres, pour écrire un même mot : un petit nombre de variantes constatées entre deux lettres, ne prouve donc pas leur parfaite homophonie. De là résultent quelques dissentiments entre les égyptologues, suivant la valeur plus ou moins grande qu'ils accordent à telle ou telle série de variantes. Divers savants ont longtemps identifié, par exemple, le [hiéroglyphe], que nous transcrivons t̲ (et que nous identifions avec le ϫ copte) avec [hiéroglyphe], [hiéroglyphe], [hiéroglyphe], [hiéroglyphe], signes de la lettre t. D'autres auraient voulu, au contraire, noter ici quatre dentales différentes.

Sans nier qu'il ait pu exister quelques

nuances (1) entre les divers signes que nous appelons homophones, nous choisissons comme guide principal l'appréciation que les coptes eux mêmes ont faite des éléments de leur langage, lorsqu'ils ont adopté pour leur usage l'alphabet grec, en le complétant toutefois par six lettres spéciales empruntées à leur écriture démotique.

21 — Les Égyptiens chrétiens, en adoptant l'alphabet grec qui possédait des voyelles à sons fixes, firent subir un changement considérable à leur écriture : auparavant ils ne se servaient que de voyelles vagues; lesquelles n'étaient, comme dans les alphabets sémitiques, que de simples aspirations, susceptibles de se colorer par les sons des diverses voyelles. (2)

22 — En suivant ces indications, nous trouvons chez les égyptiens quinze types d'articulations. La notation des nuances qu'il nous a paru utile de distinguer, nous amène à un Alphabet contenant 21 divisions. Nous les transcrivons par des lettres empruntées, sauf une seule, à l'alphabet latin, conformément aux principes adoptés dans le Standard-Alphabet (3). a ạ ā i u f b p k ḳ t ṭ t' m n r s š χ ḥ h. Les lettres simples qui ont été employées

---

(1) C'est ainsi que les anglais notent avec le th plusieurs sons que des grammairiens plus raffinés, tels que les Indiens, auraient certainement rendus par des lettres différentes.

(2) Comparez Champol. Gr. Nos 60–64.

(3) V. Lepsius, Standard-alphabet.

par les Égyptiens depuis les temps les plus recu[lés] pour écrire ces articulations, composent le tablea[u] suivant:

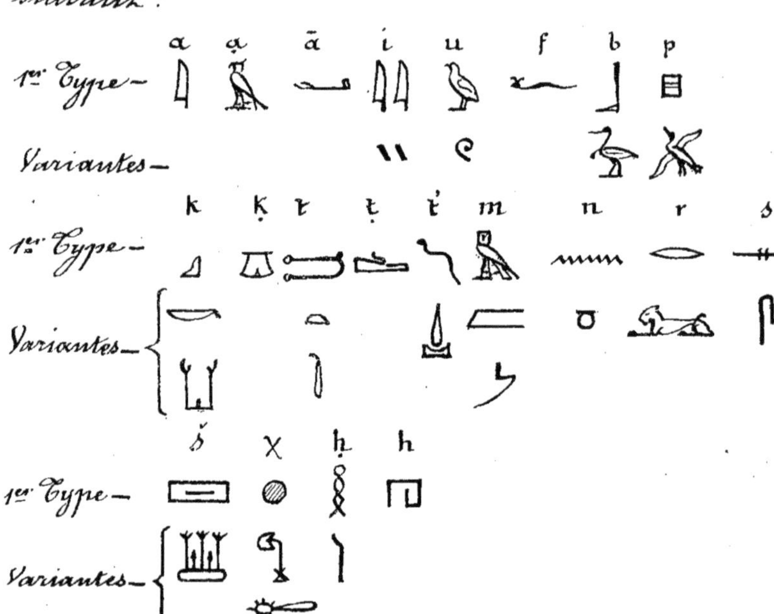

23 — Il faut ajouter à cette liste quelques lettres homophones dont l'usage s'introduisit dès les époques pharaoniques.

Ce sont: ▽ d'un emploi rare, mais ancien comme homophone de ▭ ā.

ℓ qui s'introduit, dès la XXe dynastie comme homophone de ⸺.

▽ syllabique ba passant au b simple.

𓎡 homophone de ⌓ k: il s'introduit vers la XXVIe dynastie.

ɤ qui se trouve employé très rarement, mais for[...]

anciennement comme homophone de [hiéroglyphe] ḳ.

[hiéroglyphe] ṭa devient un homophone assez usuel de [hiéroglyphe] ṭ dès la XIXe dynastie.

[hiéroglyphe] qui a la même valeur, s'introduit dans l'alphabet vers la XXVIe dynastie.

[hiéroglyphe] est une forme de l'm extrêmement usitée, mais seulement aux basses époques.

[hiéroglyphe] s'est introduit au contraire assez anciennement avec la valeur n Toutefois je n'en ai pas rencontré d'exemples dans l'ancien Empire.

[hiéroglyphe] est employé avec la valeur r, dès la XIXème dynastie, surtout dans les papyrus hiératiques (1).

Ajoutons que toutes les lettres simples peuvent être, dans l'écriture des radicaux, remplacées par les syllabiques.

24 — Nous devons maintenant étudier sommairement chacune de ces articulations, en les groupant par classes naturelles : nous résumerons les variantes qu'on remarque entre elles ; nous dirons comment elles se comportent dans la transcription des mots latins, grecs ou sémitiques ; enfin nous établirons les règles suivant lesquelles les mots égyptiens se sont transformés en mots coptes dans les deux principaux dialectes, le Sahidique et le memphitique.

---

(1) Comparez Champol. Gr. No 65–68.

Aspiration douce, et voyelles vagues.

23 — Les voyelles Égyptiennes sont employées à deux usages distincts, 1° comme aspirations, ou initiales dans la syllabe, 2° comme voyelles vagues, finales ou médiales.

Les coptes n'ont noté aucune différence d'aspiration entre les voyelles initiales des syllabes de leur langue, qui répondent aux mots anciens commençant par [hiéroglyphe], [hiéroglyphe] ou [hiéroglyphe],

Lorsqu'elles sont employées comme voyelles, ou mater lectionis, on ne voit pas non plus qu'une d'elles ait été employée par préférence pour un son plutôt que pour un autre : elles restent vagues dans toute la force du terme ; il n'en est même pas de cet a vague comme de l' ا de prolongation de l'écriture arabe qui devient alors un a véritable.

Les voyelles vagues finales ne varient pas beaucoup entre elles, dans les anciens textes ; l'orthographe de chaque mot était très stable, et d'ailleurs le choix de la voyelle finale dépendait beaucoup de la consonne précédente, chaque signe ayant une voyelle vague qu'il semble affectionner davantage. Elles permutent cependant quelquefois et sont même remplacées par les voyelles u et i qui dans leur rôle final, participent au caractère vague. Ce système a persévéré jusqu'aux dernières époques de l'écriture démotique[1]

(1) Comparez Brugsch, Gr. démotique : page 18.

26 — Les trois signes de l'aspiration douce s'échangent quelquefois entre eux.

[roseau] et [aigle] (1) servent également d'initiales dans les noms grecs et romains, ainsi que dans les mots égyptiens. Le groupe de deux a a s'écrit ordinairement [roseau aigle] a ạ et ce groupe vient en variante de [aigle] initial.

[roseau] est employé avec une préférence marquée pour transcrire le א Sémitique.

Il semble, au contraire, qu'on ait donné la préférence au bras [bras] ā pour exprimer des voyelles longues ou à prononciation emphatique.

Dans les transcriptions sémitiques, le bras [bras] correspond habituellement au ע, quand il est initial. Ce n'était cependant pas la même articulation, le fait suivant en fournit la preuve : sous la XIXe et la XXe dynastie et particulièrement dans les papyrus, on a recherché une plus grande exactitude dans la transcription des mots sémitiques. Les écrivains ont souvent alors exprimé le ע par le syllabique

---

(1) M. Brugsch refusait à l'aigle le caractère d'aspiration initiale et le réduisait à celui de voyelle : si cette vue était juste, l'aigle n'aurait pu servir, à lui seul d'initiale, comme nous le trouvons dans le nom d'Alexandre et dans beaucoup de mots égyptiens.

[hieroglyph], qui a la valeur [hieroglyph] $\bar{\alpha}\underline{\alpha}$ (1). Le bras seul ne leur avait pas offert, à ce qu'il paraît, une approximation qu'ils jugeassent suffisante.

Les Hébreux ont, de leur coté, transcrit le [hieroglyph] égyptien par un ע, dans plusieurs mots conservés par la Bible. On a remarqué aussi que l'ϣ des coptes répondait plus souvent au [hieroglyph] qu'aux autres voyelles.

Outre l'échange des voylles initiales, on a signalé aussi quelques cas de permutation entre $\underline{a}$ et l'aspiration $\underline{h}$, tout-à-fait analogues aux variantes de ה avec א.

27 — Quand la voyelle [hieroglyph] doit former une syllabe à elle seule, on la trouve souvent complétée par l'addition du signe [hieroglyph] qui indique la voix (par l'homme portant la main à sa bouche). La transcription de noms propres qui commencent ainsi, tels que [hieroglyph] (a pp i) Apophis, indique que le groupe [hieroglyph] devait ordinairement se prononcer $\underline{a}$.

28 — Les voyelles vagues finales peuvent être omises dans l'écriture ; de nombreuses variantes

---

(1) C'est la transcription qu'adoptent encore aujourd'hui la plupart des personnes qui essaient de rendre la valeur du ع arabe. On trouve quelquefois le ע exprimé par [hieroglyph], dès le règne de Toutmes III, quoique les transcriptions de cette époque ne suivent pas des règles aussi recherchées que celles des papyrus de la XIXe dynastie.

prouvent qu'il n'y avait aucune règle à cet égard: mais l'écriture hiératique les conserve plus habituellement. Quand on écrivait la voyelle médiale d'une syllabe à deux consonnes, on la plaçait très ordinairement après les deux consonnes et non pas entre deux: cette remarque est commune aux cinq lettres a ạ ā u i (1). Exemple: le nom du dieu χensu, transcrit constamment par χωνς dans les noms propres.

29 — u et i peuvent être semi-voyelles initiales, ou voyelles vagues; u initial répond, dans beaucoup de mots coptes, aux diphthongues ⲟⲩⲱ ⲟⲩⲉ &c. sans qu'on ait écrit une seconde voyelle: dans ce cas, il est semi-voyelle initiale. u portait nécessairement avec lui son aspiration; il existe quelques variantes avec l'aspiration h, (ce qui rappellerait l'ὑ). Les deux signes , , s'échangeaient sans difficulté et peuvent être considérés comme des homophones absolus.

L'oiseau était bien plus fréquemment employé dans les temps anciens; on le trouve à tout instant sur les premiers monuments memphites.

L'u, considéré comme voyelle, était vague

(1) On trouvera aussi un exemple frappant de cette orthographe dans le mot ani pour aïn transcription de l'hébreu עין œil et fontaine. (Liste des villes de Syrie prises par Tutmès III).

et dans une mesure plus large que le ה hé[illegible]
car on le trouve transcrit même par i et p[illegible]
e. Il varie avec l'i dans les mots égyptiens,
quelquefois même avec l'a. Dans le copte, [illegible]
a généralement engendré les voyelles ΟΥ, Ο, Ⲱ,
mais très souvent aussi Ε et les autres voyell[illegible]
ou diphthongues : le groupe [illegible] au répond à
Ε, Ɛ, dans le copte et les transcriptions grecqu[illegible]
il équivaudrait ainsi à א dans l'écriture d[illegible]
système hébraïque.

30 — Des deux signes de l'i [illegible] et [illegible], le se-
-cond n'est évidemment qu'un abrégé du pr[illegible]
-mier. I initial doit toujours être considéré
comme semi-voyelle avec la valeur ia, iu, o[illegible]
se sert ordinairement alors de [illegible] qui remp[illegible]
mieux l'espace initial ; la forme [illegible] sert pl[illegible]
souvent pour l'i vague final. (2) D'après ce
principe, le verbe i aller s'écrivait avec l'a
vague ; [illegible] initial, pour aspiration, et [illegible] ou [illegible]
pour voyelle finale : [illegible] ou [illegible] ou [illegible]
(les jambes expriment le mouvement) nous [illegible]

---

(1) On remarque fréquemment cette même oscillation entre [illegible] sons u et i dans les Qeri Ketib des textes bibliques.

(2) Il ne serait pas exact cependant de dénier au signe [illegible] le caractère de semi-voyelle, car les variantes du no[illegible] Ptolémaïos prouvent qu'il pouvait avoir la valeur iu[illegible] ce ne sont que les convenances du dessin qui le relègu[illegible] ordinairement à la place finale.

transcrivons ai; en copte ι, ει aller, venir (1). Les deux signes [hieroglyph] et [hieroglyph] varient entre eux, autant que le peuvent permettre leurs formes qui se comportent d'une manière si différente dans la composition des groupes.

31 — i semi-voyelle ne varie avec aucune autre lettre; il ne se trouve que dans un très petit nombre de mots égyptiens, mais il est très usité dans les transcriptions sémitiques : ses dérivés coptes sont ι, et ει initiaux.

i, voyelle vague, s'échange avec u et avec a, a, au, ai. Les transcriptions grecques oscillent principalement entre ι, ε, ει. Les transcriptions sémitiques ont encore un cercle plus vaste qui comprend presque tous les sons voyelles.

Labiales.

32 — Le serpent [hieroglyph] était, dans l'ancien style, le seul représentant de l'articulation que nous transcrivons par f. La lettre copte ϥ n'est pas autre chose que le sigle démotique provenant du [hieroglyph] (2) redressé et régularisé.

Tout en se rapprochant du son ph ou f, notre [hieroglyph] s'en distinguait cependant; car les coptes qui avaient adopté le φ, comme nécessaire à l'aspiration du p dans le dialecte Memphite,

---

(1) On trouve aussi la variante [hieroglyph] u, qui est régulière à cause du vague des voyelles.

(2) V. le tableau cidessus.

n'en jugèrent pas moins utile de faire passer le ✕▬ f égyptien dans le nouvel alphabet.

On trouve dans quelques mots le ✕▬ f, employé comme voyelle en variante de l'u (1). Dans les mots grecs, ce n'est pas le ✕▬ f qui sert à rendre le φ; on employait alors, ou le ▤ p, ou la combinaison ▤ ⊓ ph. Mais pour la transcription des mots sémitiques, on rencontre quelquefois le ✕▬ avec la valeur פ. Dans la langue copte, outre le ϥ, ses dérivés se retrouvent quelquefois sous le ϕ et le ⲃ.

33 — Comme le ב hébreu, le b égyptien a compris les deux nuances בּ b et ב v, au moins dans les époques les moins anciennes. Les coptes paraissent aussi avoir connu les deux mêmes nuances de prononciation, quoique leur ⲃ unique ait été en général transcrit par v. Les transcriptions des Grecs ne peuvent nous renseigner sur ce point, puisqu'ils avaient probablement aussi la même prononciation v pour leur β. Les notions fournies par les mots sémitiques sont peut-être plus

(1) C'est en raison de ce rôle de voyelle que nous avions d'abord transcrit le ✕▬ par w au lieu de f qui est adopté généralement. Ce caractère explique aussi comment on s'est permis quelquefois d'omettre la lettre ✕▬ : par exemple dans le mot [hieroglyphs] sni pour [hieroglyphs] snef sanguis, en copte ⲤⲚⲞϤ. On le traite alors comme une voyelle brève.

précises : dans le système de transcription des papyrus de la XIXe dynastie, ב b est rendu soit par p soit par le groupe 𓃀𓅱 bp ; ב correspond à 𓃀 seul : le son ordinaire de 𓃀 devait donc alors se rapprocher de v. Dans l'écriture hiéroglyphique, on s'est souvent contenté pour le ב de l'oiseau 𓅡 b, homophone de 𓃀 (1).

L'artifice bp introduit pour les mots sémitiques, se trouve plus tard employé, dans l'écriture hiératique, pour les mots égyptiens eux-mêmes, sans doute pour caractériser, dans ces mots, la prononciation b ב mieux que ne le faisait l'oiseau seul 𓅡, ou le groupe 𓃀𓅡 qui lui sert de variante dans ces mêmes mots.

Les signes 𓃀 et 𓅡 varient quelquefois entre eux ; plus souvent encore le groupe 𓃀𓅡 remplace 𓅡 seul : ils s'échangent aussi, mais rarement avec le p ou le f.

Le b antique produit régulièrement le ⲃ copte, et par affinité ⲟⲩ, ⲡ, ⲫ, ϥ et ⲙ.

34 — Les deux signes du p 𓊪 et 𓅱, se montrent comme de parfaits homophones. Le dialecte memphite aspirait le p et se servait du ⲫ dans beaucoup de mots où le sahidique employait le ⲡ. Ici le sahidique a été plus fidèle à l'antique prononciation : en effet on a rendu φ grec par le groupe 𓊪𓉔 ph et le פ des hébreux par

---

(1) on trouve aussi 𓅡 ba ou le groupe 𓅡𓅡 ba.

— f. La lettre antique, ⊟ ou 𓆑, était donc bien un p ; aussi correspond-elle exactement au פ (1).

Elle produit régulièrement le π du copte sahidique et le ϕ du dialecte memphite. Les affinités amènent quelquefois un ϥ ou un Ⲃ. Le p antique présente aussi quelques cas de variante avec le b.

Palatales.

35 — Cette classe de lettres se prête à de grandes variétés de prononciation qui les rendent difficiles à apprécier ; il est de leur nature de se modifier considérablement par le simple changement de la voyelle qui les suit. Les transcriptions grecques et romaines pourraient inviter à considérer les quatre signes △, ⊂⊃, 𓎡 et 𓎼 comme de parfaits homophones. Mais on est amené à une autre opinion, si l'on considère, d'une part les transcriptions des mots sémitiques et de l'autre, les dérivés coptes.

Les transcriptions sémitiques se résument de la manière suivante : 1° ג et غ (gh) sont presque toujours rendus par 𓎼. 2° כ correspond à ⊂⊃ et ק à △, mais cette seconde règle n'est pas si fidèlement observée que la première.

Dans la langue copte, on constate ici deux

(1) Nous avons remarqué tout à l'heure qu'elle était aussi employée pour transcrire approximativement le ב.

types tranchés : 1° Ⲕ sahidique, aspiré en Ⲭ dans le memphitique. 2° Ϭ sahidique, correspondant à Ϫ memphitique (quelquefois aussi à Ϭ).

En prenant les coptes pour guides, nous sommes engagé à distinguer deux lettres palatales que nous noterons k̲ et ḳ. Le Ⲅ n'existe dans leur écriture que pour quelques cas rares, qui ne correspondent pas à une lettre antique spéciale : dans un petit nombre de mots où il dérive de 𓎡 k̲, on constate qu'il est produit par la présence de la nasale qui le précède, Ex. ⲁⲛⲅ ego, venant de 𓈎𓏏𓎡.

36 — En étudiant de plus près les trois signes 𓈎, 𓎡, 𓎼 on peut d'abord se convaincre facilement de l'homophonie parfaite de 𓎼 avec 𓎡 ; les tombeaux memphites apportent une quantité de variantes qui prouvent cette égalité originelle. L'égalité de 𓈎 avec 𓎡 peut paraître plus douteuse ; des variantes existent, mais elles sont peu fréquentes. Cependant on trouve le groupe 𓈎𓎼, où la première lettre ne fait que redoubler la seconde ;(1) on est autorisé à rapprocher ainsi intimement 𓈎 𓎼 et 𓎡 que nous transcrivons k̲.

---

(1) C'est ce que nous avons vu tout à l'heure pour le groupe [hiéroglyphes], nous reviendrons plus loin sur la règle de ce redoublement.

A cette articulation correspond régulièrement, en copte, Ⲕ sahidique et Ⲭ memphitique, Ϭ et Ϫ sont moins fréquents, Ϧ et Ϩ sont des exceptions assez rares.

37 — La règle de dérivation est différente en ce qui concerne le [hieroglyph], et c'est là surtout ce qui nous engage à y reconnaître le type distinct conservé dans le Ϭ copte. Le signe [hieroglyph] que nous transcrivons ḳ montre bien quelques cas anciens de variantes avec les précédents et nous avons dit que les transcriptions grecques ne nous fourniraient pas non plus de motifs suffisants pour établir une distinction. Les transcriptions sémitiques sont plus décisives; ainsi que nous l'avons vu, le [hieroglyph] est consacré tout spécialement à rendre le ק et צ répondant à ق. Les dérivés coptes fortifient ce premier renseignement, ils se classent très régulièrement sous le Ϭ sahidique répondant au Ϫ memphitique; ou bien encore sous le Ϭ dans les deux dialectes. Les exceptions se rangent ainsi, dans l'ordre de leur fréquence: 1° Ϭ sahidique, Ⲕ memphitique, 2° Ⲕ sahidique Ⲭ memphitique, 3° Ⲕ dans les deux dialectes, 4° Ϫ sahidique et Ϭ memphitique. (1)

38 — L'origine graphique du Ϭ copte est douteuse pour nous: c'est à tort, croyons nous, qu'on

(1) Voyez l'appendice B sur les transcriptions sémitiques des palatales.

l'a tirée jusqu'ici du [signe] démotique provenant de [signe], hiératique de [signe]; le suffixe de la seconde personne [signe] a été rendu, jusqu'aux dernières époques presque contemporaines du copte, par le [signe] démotique : en conséquence, on devrait le trouver en copte sous la forme ϭ, si cette lettre provenait de [signe], c'est au contraire le ⲕ qui écrit ce pronom. Je serais plutôt porté à croire que ϭ a été tiré du démotique [signe], qui provient lui-même de [signe] par l'intermédiaire de l'hiératique [signe].

Dentales.

39 — L'appréciation exacte des dentales dans la langue égyptienne présente également des difficultés. Il me paraît certain que les trois homophones [signe], [signe], [signe], répondent à un t et que les signes [signe], [signe], sont représentés dans la langue copte par l'articulation toute spéciale ϫ. Le signe [signe] semble se caractériser comme une nuance intermédiaire. Voici le résumé des faits qui concernent ces lettres. Dans les noms grecs et romains, transcriptions du τ, du θ et du δ par tous ces signes indistinctement. Dans les transcriptions sémitiques, ת et ט sont transcrits par [signe], [signe], [signe] et plus rarement [signe]; le ד, au contraire, est transcrit par [signe] avec une préférence marquée; ד et צ répondent exclusivement à [signe] et à ses homophones.

Le copte offre deux types certains, à savoir ⲧ (devenant ⲑ dans le memphitique) et ϫ; la trace d'une troisième nuance paraît aussi conservée dans le syllabique ☥. Nous sommes ainsi engagé à distinguer trois consonnes t̲, ṯ et t̲', dont nous allons rechercher successivement les caractères spéciaux.

Les trois signes 𓍿, 𓏏, 𓂧, que nous transcrivons t̲ se conduisent comme de parfaits homophones. Les noms grecs et romains nous montrent ces signes en face de τ, ϑ et δ ; seulement nous devons remarquer que les hiérogrammatés, quand ils ont recherché une transcription plus scrupuleuse du θ se sont servis du groupe 𓉔 th (1), ce qui prouve qu'originellement le t̲ égyptien ne se prêtait pas à la nuance aspirée. Dans les mots sémitiques 𓍿, 𓏏, 𓂧 servent à transcrire régulièrement ת et ט, quelquefois aussi ד, mais plus rarement.

On n'observe aucune préférence pour les transcriptions du ט ; cette lettre qu'on ne rencontre pas fréquemment, correspond même à 𓍿 ṯ, dans le nom de Putiphar פוטיפרע, qui transcrit exactement le nom égyptien 𓊪𓏏𓅯𓇳𓁷 putipr

Nous pouvons en conclure que la nuance spéciale du ט sémitique n'existait pas dans

---

(1) Le manuscrit de Leyde à transcriptions grecques met ainsi θαρ en regard d'un mot égyptien écrit 𓏏𓅀𓉔𓅀𓈖 Tạhạn dans lequel le premier a̲ est une mater lectionis de nulle valeur pour la prononciation.

l'égyptien antique. Les dérivés coptes ne placent qu'un seul type ⲧ, visavis de et de ses homophones : l'aspiration memphitique le change en θ ; en suivant les règles de l'affinité on trouve aussi quelques cas de dérivation avec ϫ.

40 — nous passons de suite à la troisième dentale ṯ dont les caractères différentiels sont plus tranchés ; peut-être nous sera-t-il plus facile de caractériser ensuite la consonne intermédiaire. Les deux signes et que nous transcrivons ṯ s'échangent entre eux dans plusieurs mots égyptiens, ils varient de même tous les deux avec le syllabique très usité ṯa ; ils se comportent enfin exactement de la même façon, soit dans les transcriptions soit dans les dérivés coptes. Les hiérogrammates les ont employés, assez rarement toutefois, pour transcrire τ et δ et les grecs, à leur tour, ont éprouvé un certain embarras, quand ils ont dû transcrire cette articulation toute spéciale ; on trouve alors le ṯ rendu par τ et δ ou par σ (1).

Dans le cartouche de Cambyse se rencontrait l'articulation Perse Z (j de M. Rawlinson) ; nous la trouvons transcrite par le signe ṯ, mais pas constamment ; d'autres variantes montrent un simple t. Il n'y avait donc pas non plus identité parfaite entre notre ṯ et le z des Perses.

---

(1) C'est ainsi que le nom égyptien Sa-n-ṯaḥo est rendu par Sensaos et Har-anṯ-atef par Arontotes et Arendotes.

Les hébreux possédaient deux sifflantes plus ou moins nuancées de cérébrales ז et צ; elles sont transcrites constamment par ⲧ et ses homophones (et non par le ⲧ) mais l'on n'observe pas de préférence en faveur de tel ou tel signe pour l'une des deux lettres sémitiques et cette confusion elle-même prouve qu'il n'y avait encore là qu'une approximation.

Les syllabes coptes dérivées du ṯ antique se classent suivant deux règles : ou elles s'écrivent par ϫ dans les deux dialectes ou bien on trouve ϫ sahidique correspondant à ϭ memphitique : le dialecte de la haute Égypte conservant encore ici la supériorité comme exactitude. Les exceptions nous offrent 1° ⲧ sahidique, ⲑ memphitique. 2° ϭ sahidique, ϫ memphitique, 3° ϣ 4° Les palatales ; c'est-à-dire toutes les lettres qui offraient un genre d'affinité avec cette dentale, dont nous ne pouvons plus apprécier aujourd'hui la prononciation, autrement qu'en constatant qu'elle se rapprochait des sifflantes et des cérébrales. Les coptes l'avaient conservée dans leur lettre ϫ ; elle provient de la lettre hiéroglyphique [hieroglyph], par l'intermédiaire des abrégés hiératiques [hieratic signs], devenant en démotique [demotic sign] ; on a développé et régularisé la boucle de ce dernier signe. Les coptes ne peuvent plus donner de renseignements précis sur la prononciation du ϫ ; au dernier siècle, on a essayé de l'indiquer par sj : M. Brugsch avait proposé comme transcription Z et Mr Birch Ϭ; nous pensons que la lettre conventionnelle ṯ se conciliera mieux avec les variantes égyptiennes de notre articulation qui la rapprochent constamment de ⊂⊃ ṯ.

41 — Aux yeux des égyptiens, la lettre ⊂⊃ t était extrêmement voisine de ⌐ ṯ; nous pourrions même la considérer comme homophone de celleci, si nous ne consultions que le témoignage des variantes; entre ⌐ et ⊂⊃, les variantes sont en effet nombreuses, et elles remontent jusqu'aux plus anciens monuments de l'écriture. Les variantes entre ⊂⊃ et ⊂⊃, △,), sont au contraire assez rares, et elles appartiennent surtout aux basses époques. Mais les transcriptions sémitiques indiquent ici le principe d'une distinction: loin de servir comme ⌐, à rendre ד ou צ, le ⊂⊃ est rapproché du ת avec une préférence très-marquée. (1)

Les exceptions à cette règle portent le ⊂⊃ du côté de ט et de ח plutôt que du coté des cérébrales. (2)

---

(1) A partir de la XIXe dynastie où le système de ces transcriptions paraît s'être régularisé, en raison des nombreux rapports établis entre les peuples voisins par les conquêtes et les émigrations, cette préférence devint si constante qu'elle avait engagé Mr Brugsch à transcrire ⊂⊃ par un ḍ.

(2) Voyez l'appendice C sur les dentales et leurs transcriptions.

Dans le copte, les dérivés de [hiéroglyphe] ṯ ne se comportent pas non plus comme ceux des mots antiques ordinairement écrits par ṯ. On retrouve régulièrement les dérivés de [hiéroglyphe] sous les dentales ⲧ, ⲑ, ϯ, quelquefois aussi sous ϫ, mais en bien petit nombre. Le verbe ṯu donner, ordinairement écrit par [hiéroglyphe], qui est un homophone syllabique de [hiéroglyphe], est devenu en copte ϯ. Ce sigle, que les anciens coptes prononçaient di, était considéré comme une simple ligature pour ⲧ et ⲓ. Mais Mr Brugsch a fait observer que le ϯ ressemblait trop au démotique [signe démotique] (correspondant à [hiéroglyphe] donner) pour que cette similitude fût l'effet du hasard; il y aurait donc là un souvenir de la nuance amollie particulière à [hiéroglyphe], et les coptes auraient tiré leur ϯ du démotique, avec leurs autres lettres spéciales.

On voit que ces deux ordres de documents peuvent engager à noter le [hiéroglyphe] par une lettre particulière, cette lettre toutefois ne devrait pas être un d. En effet, d'une part, les coptes ont repoussé le Δ de leurs mots indigènes; et d'autre part, les hiérogrammates ont eux-mêmes indiqué que le [hiéroglyphe] n'était pas un véritable d: quand ils ont voulu transcrire plus exactement l'articulation latine d, qu'ils rencontraient chez les étrangers, ils ont employé une double lettre nt (1). Cette orthographe, toute artificielle, nous aide aussi à apprécier une particularité des dentales égyptiennes, à savoir qu'à la suite de la nazale, la prononciation s'amollissait, dans la direction du d. Ceci nous explique beaucoup de transcriptions grecques où figure le δ; comme dans Ζβενδέτης, qui représente les éléments égyptiens Nes-bi-n-tet (2). Le d étant écarté, nous avons choisi un ṯ comme se rapprochant du point de vue des variantes égyptiennes, où [hiéroglyphe] remplace [hiéroglyphe].

Liquides.

42 — Les trois signes [hiéroglyphe], [hiéroglyphe] et [hiéroglyphe] répondent également à l'm; le premier est d'un usage plus fréquent que les deux autres dans le style ancien.

Les transcriptions sont uniformes; c'est toujours le μ grec et le מ sémitique qu'on trouve en regard de ces lettres.

Les dérivés coptes sont presque toujours ⲙ; quelques rares exceptions présentent

---

(1) C'est ce qu'on observe dans diverses variantes du cartouche de Darius, pour le d perse, et pour le d Latin, dans le surnom [hiéroglyphes] nt(a)kik(u)s pour Dacicus, inséré dans le cartouche de Trajan.

(2) Comparez le mot gnostique Sabitat, qui ne diffère du premier que par l'absence de la flexion n et conserve le t.

les lettres ⲛ, ⲃ, ⲡ.(1) Il est encore à remarquer qu'on trouve souvent dans la langue copte le ⲙ ajouté à un radical antique comme une sorte de finale qui en modifie légèrement la signification (2) : mais on n'a pas encore signalé cette particularité dans les mots de la langue antique.

43 — Le véritable type de la lettre n est le signe 𓈖 ; 𓋔 est également ancien, mais son usage était beaucoup plus restreint dans les textes antiques. Leur transcription donne régulièrement ν et נ sémitique ; une exception indubitable montre le changement du ל en 𓈖 n égyptien, dans le mot [hiéroglyphes] Sanchem, sauterelle, l'hébreu סָלְעָם. Cet exemple autorise à chercher le ל sous la transcription n, ce qui s'explique d'autant plus facilement que l'égyptien antique n'avait pas l'articulation l.

Le ⲛ copte transcrit toujours l'n antique ; mais, de plus, par la suite des temps, la liquide l, ⲗ avait pris pied dans la prononciation ; une partie des mots coptes où elle figure

(1) Il faut se bien garder de confondre, en copte, avec un ⲙ radical celui qui provient de l'ⲛ, par assimilation, devant une labiale, comme dans la particule sahidique ϩⲙ̄, provenant de ϩⲛ̄ in devant l'article ⲡ.

(2) Comparez ⲟⲩⲱϣϩ, addere, ⲟⲩⲱϣϩⲙ̄, iterare ; ⲥⲱⲣ, spargere, ⲥⲱⲣⲙ̄, vagari &c.

provient de n antique : c'est ainsi que [hiéroglyphe] nes (1) langue est devenu le copte λας.

44 — La nasale présente plusieurs particularités dignes de remarque dans l'écriture et dans la langue égyptiennes : premièrement elle influait sur certaines consonnes, de manière à en modifier la prononciation ; c'est ainsi qu'elle adoucissait le t, puisque l'on s'est servi du groupe nt pour écrire le d. L's précédé d'une nasale, paraît avoir été aussi modifiée d'une manière analogue ; car les grecs ont transcrit la particule [hiéroglyphe] nes qui commence certains noms propres par Z, ainsi que nous l'avons vu dans Ζβενδετης.

Nous avons déjà fait remarquer l'action toute semblable exercée par n sur le K, elle le modifiait suffisamment pour que le dialecte Sahidique l'ait quelquefois rendu par un Γ.

Nous avons dit tout à l'heure que l'n était quelquefois devenu l. λ copte : la combinaison nr a dû donner plus fréquemment lieu encore à la prononciation l par l'adoucissement de r : nr est souvent écrit [hiéroglyphe], où [hiéroglyphe] représente un n sonnant. (2)

---

(1) Nous expliquerons plus loin la valeur de [hiéroglyphe] syllabique pour ns et de [hiéroglyphe] déterminatif des membres.

(2) Le groupe [hiéroglyphe] qui a la valeur na sera expliqué au chapitre des syllabiques : l'a vague y est de nulle valeur comme prononciation.

c'est ainsi que le radical copte ⲂⲟⲖ dehors, vient de l'égyptien <u>bunar</u>, de même signification.(1)

Il est remarquable que les grammairiens égyptiens aient considéré la nasale comme un simple accident de la voyelle, que l'on pouvait noter ou omettre à volonté dans l'écriture: c'est ainsi qu'on trouve le nom de la même personne écrit <u>kanra</u> et <u>kāra</u>. Je noterai en pareil cas, par une barre ‾, suivant l'ancien usage admis dans l'alphabet latin, la voyelle sur laquelle j'aurai à constater l'omission d'une nasale (2): c'est ainsi que la particule <u>an</u> sera transcrite ᾱ, lorsqu'on la trouvera écrite sous la forme , où il serait difficile de la reconnaître sans la connaissance de cette règle.

45 — Les égyptiens employaient très volontiers la voyelle nasalisée; ils l'ont quelquefois introduite dans les mots sémitiques qu'ils ont adoptés ou même seulement transcrits: c'est ainsi qu'ils écrivaient <u>Šaṣạnk</u> le nom du roi que la bible nomme ששק Šišaq, et qui paraît d'origine sémitique.

---

(1) Le chemin et les jambes déterminent l'idée.

(2) Les exemples de cette curieuse particularité sont fréquents: c'est une vue grammaticale analogue à l'anusvara des Indiens, on sait que l'omission de la nasale a été aussi observée dans les anciens monuments de l'épigraphie classique.

46 — La langue copte possède les deux lettres ⲣ et ⲗ ; il est difficile de savoir si dans les anciens dialectes de la langue égyptienne on connaissait la distinction de ces deux liquides, mais il est certain que les hiéroglyphes n'admettaient qu'un seul type représenté par les signes 𓂋 et 𓃭 et qui sert indifféremment à transcrire ρ et λ grecs, ainsi que ר et ל : on peut seulement à certaines époques remarquer une préférence accordée à la lionne 𓃭 pour transcrire la consonne l, mais sans régularité, et ce n'est que dans le dernier style de l'écriture démotique que la lettre dérivée de 𓃭 [signe démotique] paraît s'attacher régulièrement à la liquide l. Dans les mots égyptiens, la lettre 𓃭 est assez rare ; on lui adjoint quelquefois la lettre 𓂋 en lettre redoublée 𓂋𓃭, comme nous l'avons vu dans les groupes [hiéroglyphes], [hiéroglyphes] &c. Elle est employée assez fréquemment dans la transcription des mots sémitiques. Quant à la Bible, elle rend la liquide égyptienne par un ר dans tous les mots qu'elle a conservés, et jamais par un ל : donc l'articulation antique était bien un r.

Les dérivés coptes se partagent entre le ⲣ et le ⲗ (1) (Le dialecte baschmourique se caractérise surtout par l'exclusion du ⲣ) : mais par une exception fréquente, l'r final s'est oblitéré dans les mots coptes : c'est ainsi que la particule 𓂋 er est devenue ⲉ.

---

(1) V. plus haut N°. 44 pour la combinaison nr.

46 bis — Cette liquide approche par sa nature même des semi-voyelles; de là vient qu'on s'est quelquefois permis de l'omettre dans l'écriture, ainsi que nous l'avons dit ci-dessus pour la nasale (1). Ce caractère de semi-voyelle se retrouve jusque dans la nomenclature de nos alphabets modernes, où nous disons ef, el, em, en, er, es et non pas ré, lé, né, comme bé, pé &a. L'analogie des mots coptes nous engagera souvent à écrire ces lettres, quand elles sont initiales, en suppléant une voyelle brève qu'on ne jugeait pas nécessaire d'écrire. Ainsi la particule sera transcrite er : il en sera de même du verbe er être qui répond au copte ⲉⲣ, ⲉⲣⲉ; aussi le trouve-t-on souvent écrit ar avec l'aspiration douce initiale.

Sifflante.

47 — Les deux signes de l's, et , s'échangent trop souvent pour qu'on ne doive pas les considérer comme entièrement homophones. Les transcriptions grecques amènent toujours le σ et les transcriptions sémitiques rendent également le même son s sous les formes ס ou ש : une exception assez fréquente met néanmoins l's égyptien en face du ש, mais il est probable

(1) Expliquez ainsi les variantes telles que : χake pour χaker, orner, et l'orthographe Ka pour Kar, nes pour neser, flamme.

que cette exception n'est qu'apparente. Nous savons en effet avec quelle facilité la prononciation variait pour les lettres s et š parmi les diverses familles sémitiques: le ش arabe répond assez régulièrement à un s hébraïque (1) et réciproquement. Les dérivés coptes de l's égyptien se rangent sous le c, mais il existe plusieurs exceptions à cette règle. L's antique est quelquefois devenu ϣ et plus rarement ϭ; il semble être passé au τ dans quelques radicaux.

On trouve aussi la sifflante écrite dans les manuscrits coptés par le ζ; mais les cas sont assez peu nombreux pour ôter toute autorité à cette orthographe. (2)

Chuintante.

48 — La lettre š (ch français) n'avait pas son représentant dans l'alphabet grec; les coptes ont gardé la lettre démotique ϧ régularisée.

---

(1) La célèbre histoire du mot שִׁבֹּלֶת (Jug. XII, 6) nous fait voir que, même parmi les hébreux, la prononciation avait varié suivant les tribus. La prononciation d'Ephraïm qui suivait sans doute celle des diverses peuplades situées au nord de la Palestine, nous indique pourquoi nous trouvons quelquefois un s égyptien en regard d'un שׁ du dialecte hébreu, particulièrement dans les noms des villes ou des nations syriennes.

(2) Nous avons observé plus haut que le ζ avait été employé par les grecs Alexandrins pour transcrire la combinaison ns.

en ϣ : elle provient du signe ϣ hiératique de 𓆷. Les grecs ont ordinairement rendu le š par σ ; on trouve néanmoins quelquefois χ ou la combinaison σχ. Mais le son du š se retrouvait exactement dans le perse et dans les langues sémitiques ; il est rendu habituellement par 𓆷, dans les noms des rois perses ; on trouve cependant aussi 𓈙 dans les cartouches de Darius et d'Artaxercès. Pour le ש hébraïque on trouve également 𓆷 un peu plus fréquemment que 𓈙.

Les dérivés coptes sont très réguliers, ils s'écrivent par le ϣ. quelques exceptions montrent le š antique, passant à ϫ, à ϭ, et rarement à ϩ et à ϧ.

49 — Les transcriptions et les dérivations nous montrent que depuis une très-ancienne époque les signes 𓆷 et 𓈙 étaient homophones ; mais on ne pourrait peut-être pas affirmer qu'il en ait été ainsi, dès l'origine de l'écriture égyptienne. M. Hincks a conjecturé que 𓈙 aurait eu la valeur sχ. Cette idée s'appuie : 1° sur ce que le 𓈙 présente un certain nombre de variantes avec le signe 𓐍 χ 2° sur ce qu'il paraît se doubler d'un s initial, sans changement de valeur, en sorte qu'on trouve quelquefois 𓊃𓈙 à la place de 𓈙 seul. D'un autre côté, on n'a signalé jusqu'ici aucune variante entre 𓆷 et 𓐍 ; il est donc possible que 𓈙 ait primitivement désigné quelque nuance intermédiaire

dont la trace se serait perdue plus tard dans la prononciation (1). Nous le considérerons comme homophone avec [hiéroglyphe].

50 — La gutturale aspirée que nous rendons par le χ grec est représentée dans l'alphabet par les signes [hiéroglyphe] et [hiéroglyphe]. Ces deux lettres s'échangent quelquefois, on les trouve aussi groupées en lettre double [hiéroglyphe] [hiéroglyphe]; réduplication analogue à celles que nous avons signalées plus haut (2). Les grecs ont transcrit cette gutturale aspirée par leur χ; ce n'était cependant qu'une valeur approchée, car les coptes qui ont adopté le χ pour rendre l'aspiration du K dans le dialecte memphitique, ont jugé néanmoins nécessaire d'emprunter leur ϧ à l'alphabet démotique, où la lettre [démotique] représentait [hiératique], hiératique de [hiéroglyphe]. On l'employait à côté du χ et dans le même dialecte (3).

51 — Les cartouches des rois perses rendent le Kh perse par [hiéroglyphe] et par [hiéroglyphe]: Ces deux signes répondent aussi au ח des mots hébreux, mais

---

(1) On peut peut-être attribuer à cette oscillation l'orthographe la plus ancienne du mot seχa, écrire, en copte ⲥϧⲁⲓ; qui depuis les temps les plus reculés s'écrivait [hiéroglyphes] sešа.

(2) [hiéroglyphe] est un 3e homophone, d'un emploi un peu plus rare mais fort ancien.

(3) On voit que les coptes ont noté avec soin des nuances qui nous paraissent très voisines.

ici il faut faire une distinction. On sait que le ח comprend deux nuances que la langue arabe distingue par les signes ح, خ; les transcriptions hiéroglyphiques constatent l'antiquité de ces deux nuances dans la prononciation, car elles rendent le ח biblique tantôt par ⊜ ou ⲭ, x̱ égyptien et tantôt par ḫ, comme nous l'expliquerons tout-à-l'heure.

52 — Les dérivés coptes du x̱ antique se divisent en deux classes. Dans la première, le dialecte memphitique s'est montré fidèle observateur de l'orthographe antique, il a conservé le ϧ: on trouve alors, dans les mêmes mots, un ϩ sahidique. Dans une seconde classe de mots, le x̱ antique s'est adouci et l'on trouve alors un ϣ, dans les deux dialectes. Les exceptions, conformes aux lois de l'affinité, sont le x̱ memphitique, le ϭ et le ⲕ.

Aspirations.

53 — Les coptes n'ont emprunté à l'alphabet démotique qu'une aspiration ϩ: Les transcriptions sémitiques indiqueraient cependant deux nuances, au moins aussi tranchées que celles que nous confondons en français, dans la lettre ẖ. Les grecs qui avaient perdu l'habitude d'écrire l'aspiration Ⲏ de leur ancien alphabet, omettaient également de transcrire le ẖ égyptien, à moins qu'ils n'aient eu l'occasion de l'indiquer par une lettre aspirée (comme φιβις

pour p-hib, l'ibis)(1). Quant aux hiérogrammates, ils se sont servis quelquefois de leur h̲ 𓉔 pour indiquer l'esprit, en tête des mots grecs qu'ils voulaient transcrire, ou en cherchant à rendre les lettres aspirées par les combinaisons p̲h̲ t̲h̲ pour φ, θ, sic : 𓊪𓉔 p̲h̲ 𓏏𓉔 t̲h̲.

54 — Nous avons dit que le ח hébreu répondait à deux nuances, il paraît que ces deux nuances existaient également en Égypte ; en sorte que les transcriptions sémitiques se résument dans la progression suivante : 1° ח égal à 𓉔 h̲, 2° ח ζ égal à 𓎛 ḥ, (2) 3° ח ζ̇ égal à 𓐍 χ.

Il est donc nécessaire de distinguer ces deux aspirations au point de vue de la transcription des mots étrangers, car elles ont une importance considérable pour la détermination de ces mots.

La distinction entre 𓉔 h̲ et 𓎛 ḥ (cette dernière portant le signe d'une aspiration renforcée) serait moins utile au point de vue du copte, car cette distinction n'y existe plus ; les coptes n'avaient emprunté au démotique que le signe de l'aspiration forte ϩ, provenant de 𓎛, hiératique ⲉ, démotique ϩ.

55 — Les dérivés coptes ont presque tous conservé

---

(1) Et la transcription ⲫⲣⲓ pour p-her.

(2) Les Phéniciens ont transcrit, d'après la même règle, les noms d'Horus et d'Hapis : חר et חפי ; en égyptien, ḥor et ḥapi.

fidèlement le ϩ dans les deux dialectes. Les exceptions sont rares, elles amènent le ϧ memphitique, le ϣ et le ⲕ ; il peut arriver aussi que l'aspiration se soit oblitérée et que le copte présente une voyelle initiale. Les rares variantes qu'on peut remarquer dans les textes égyptiens entre les aspirations et les autres lettres, se bornent au ⲭ ou aux voyelles initiales.

55 bis — Tableau paléographique des formes cursives des lettres de l'Alphabet égyptien. Voir les planches I, II, III et IV.

Signes Syllabiques.
Du principe qui les engendre.

56 — Etant donné un signe idéographique, il pouvait être employé dans l'écriture égyptienne de quatre manières différentes : prenons pour exemple le nœud ☥ symbole de la vie.

1° On pouvait tracer le caractère ☥ seul, comme indiquant suffisamment l'idée de la vie et les divers mots qui exprimaient cette idée.

57 — 2° On peut trouver ce même signe tracé après l'expression phonétique d'un des mots signifiant la vie ex. 𓈖𓐍☥ $\bar{a}\underline{n}\chi$ (en copte ⲱⲛϧ vita). Il est évident que le signe ☥ ne fait pas alors partie de la prononciation ; il détermine simplement l'idée qu'on doit attacher au mot $\bar{a}\underline{n}\chi$ écrit avant lui : nous disons alors qu'il sert de déterminatif : C'est le mot introduit dans la science par Champollion et nous ne voyons pas de raisons suffisantes pour le changer. il est généralement bien compris.

58 — 3° Le même signe ☥ peut être accompagné de tout ou de partie des lettres avec lesquelles s'écrivait le mot $\bar{a}\underline{n}\chi$; c'est ce qu'on a nommé les compléments phonétiques : leur choix est guidé ordinairement par les convenances du dessin, dans lequel on prenait en grande considération la carrure des groupes. Ainsi on trouve ordinairement ☥𓈖𓐍, avec le 2e et le 3e complément ; mais 𓂝☥𓈖𓐍 ou 𓂝☥𓐍 serait également conforme aux

règles: nous disons qu'un groupe de cette espèce est écrit à la manière mixte.

59 — 4° Le même signe ☥, une fois affecté à un mot tel que $\bar{a}n\chi$, pouvait être employé dans l'écriture pour la valeur phonétique de ce mot et en faisant complètement abstraction du sens primitif:[1] exemple ☥ $\bar{a}n\chi$ oreille: un détermina-tif vient souvent indiquer à l'esprit du lecteur ce changement radical dans l'emploi du signe. Nous disons du signe ☥ qu'il est employé, dans ce dernier cas, pour une valeur phonétique syllabique.

60 — Il est probable qu'en principe touts les hiéroglyphes étaient susceptibles de cet em-ploi syllabique; mais en fait, il fallait pour y donner lieu, premièrement, qu'un symbole ré-pondît à un mot composé d'une syllabe simple, et secondement, qu'on pût retrouver cette même syllabe dans divers mots. La science ne possède pas encore une liste suffisamment complète des valeurs syllabiques; le tableau qui va suivre comprendra cependant les signes les plus usités de cette espèce,[2] dont la valeur est aujourd'hui connue.

61 — Il ressort des principes que nous venons d'exposer qu'il ne suffira pas d'avoir constaté

---

(1) Cette méthode se rapporte exactement au principe des rébus; on trouve également ☥ $\bar{a}n\chi$ dans le sens de serment, en copte ⲁⲛⲁϣ.

(2) Ici, comme dans toute cette introduction, je me suis borné aux temps Pharaoniques.

qu'une certaine syllabe correspond dans la lecture à un caractère, pour que nous le considérions comme étant proprement un signe phonétique syllabique : il faudra encore qu'on l'ait rencontré quelquefois plus ou moins détourné de sa valeur idéographique et correspondant à un simple son, pour l'écriture duquel il remplace des lettres simples de l'alphabet. Ce qui constitue donc pour nous essentiellement l'emploi syllabique, c'est l'abstraction qu'on aura faite de la valeur idéographique pour s'en tenir au son pur et simple. L'étude des autres signes idéographiques qui ne jouent pas un rôle grammatical, appartient au dictionnaire.

62 — Il est essentiel de noter que les caractères syllabiques peuvent être écrits seuls, ou bien être accompagnés de leurs compléments phonétiques à la manière mixte, aussi bien que les caractères idéographiques : pour les uns comme pour les autres, les convenances du dessinateur règlent seules le choix des compléments phonétiques. C'est ainsi qu'on trouvera le signe, qui se lit sem groupé de toutes les manières suivantes : …, &c. (les jambes Δ, dans ce groupe indiquent l'idée du mouvement).

63 — On trouve assez fréquemment le second complément phonétique. Le premier est plus rare, et il existe des signes syllabiques pour lesquels on n'a pas encore pu le rencontrer.

Il paraît néanmoins que l'écrivain avait à cet égard toute liberté. Il résulte de ces faits que nous ne pouvons ni conserver le nom de signes initiaux proposé par Champollion, ni adopter la division suivie par M. Lepsius, dans sa lettre à Rosellini, en signes initiaux et signes destinés au milieu d'un groupe[1].

64 — Un caractère peut perdre complètement sa valeur idéographique, quoiqu'il se trouve écrit en déterminatif. Ainsi le mot tar, déterminé par une pousse de palmier, signifiait saison, temps : mais ensuite quand on voulait écrire la syllabe tar, dans un autre mot par exemple hta chevaux, on n'était pas obligé de retrancher le déterminatif et l'on pouvait conserver tout le groupe tar sic : htar (en copte ϩⲁⲧⲣⲉⲩ gemelli, ϩⲧⲟ equus). Cette particularité pourrait embarrasser l'interprète, surtout dans les textes peu soignés où le déterminatif de l'idée est souvent omis ou incorrect.

65. La première classe des caractères syllabiques, qui comprend les signes employés pour une articulation et une voyelle vague, se distingue à peine des lettres simples. On peut cependant fonder la distinction sur deux remarques : la première, c'est que les lettres simples étaie

(1) La division proposée par M. Bunsen en signes syllabiques et signes idéographiques mixtes ne se soutient pas mieux devant les faits.

celles qui servaient pour écrire les compléments phonétiques. La seconde c'est que les signes syllabiques ne paraissent pas avoir été employés tout-à-fait indifféremment pour toutes sortes de mots. On découvre fréquemment des allusions, des rapports directs ou éloignés, qui ont présidé originairement à leur choix pour écrire tel ou tel radical.

Il est possible également que les syllabiques aient été quelquefois employés pour donner une idée du son des voyelles. Mais s'ils ont eu primitivement cet emploi, ils ne l'auront pas conservé, car on ne peut pas constater cette propriété d'une manière un peu constante dans les transcriptions hiéroglyphiques des mots grecs ou sémitiques.

66 — Tableau des principaux signes syllabiques. 1re Classe : une articulation et une ou plusieurs voyelles. Voir les planches V, VI et VII.

67 — Il est nécessaire d'étudier de plus près ces caractères et de chercher à comprendre, autant que possible, l'enchaînement des valeurs phonétiques avec les idées et les mots qui les ont produites.

a,1 ⬭ aạ paraît représenter une île : il est pris également, d'une manière générale, dans le sens de pays habité, région. Dans les bas temps, le dessus de cercueil lui sert de variante il a la même lecture aạ (confér. ει insula et אִי).

a,2 aau le bâton surmonté des cornes a plusieurs variantes ; on trouve . Le premier sens semble honneurs, dignités : le même mot signifie les bestiaux.

a,3 , le jeune veau couché, a eu très anciennement la valeur aā ; plus tard on trouve aussi āā et uāā ; nous parlerons tout à l'heure des idées qui s'y rattachent.

a,4 , āạ, un instrument inconnu, il a été choisi spécialement pour la transcription du ע. Je ne saurais dire si le premier sens doit être cherché dans le mot āạ-t gemma ou dans l'adjectif āạ, grand. (Confér. copte ⲁⲓⲁⲓ crescere) : sa forme cursive est , d'où vient le démotique , que le manuscrit de Leyde transcrit par un ω.

u,1 uạ a été choisi de préférence pour transcrire

(1) Les commençants feront bien de réserver pour une seconde lecture l'étude approfondie de ce chapitre important.

la voyelle o, du temps des Ptolemées; les variantes antiques lui donnent pour valeur la diphthongue ua.

u,2 Correspond a uā dans le plus ancien style, mais on trouve également āu qui paraît le nom même du vase. Le vague des voyelles explique parfaitement ces fluctuations, ainsi que la valeur de ā que prit de bonne heure, comme simple variante de.

u,3 Le jeune veau couché, avec ou sans cornes, ou sa variante la jeune gazelle : ce signe est en rapport avec les idées de filiation, de grossesse, d'héritage. (Le verbe uur être enceinte, correspond exactement au verbe copte ш concipere, par l'oblitération de l'r final.)

u,4 varie avec uu et celui-ci, à son tour, varie

f,1 avec, dont la valeur spéciale fu résulte de nombreux exemples. Ces oscillations sont justifiées par l'extrême ressemblance de la diphthongue uu avec fu : aussi est-il encore employé pour u simple : ce dernier est surtout affecté au mot fu dilatation, longueur.

f,2 Cette sorte de sarcelle remplace le mot t'efau moissons, richesses. Mais on la trouve aussi à la fin de divers mots, où elle n'a d'autre valeur qu'un rôle phonétique égal à fa, fau.[1]

---

(1) On serait engagé, par cet exemple et par quelques autres, à croire que certaines valeurs syllabiques sont empruntées aux finales.

b,1 68 — , . La cassolette brûlante paraît un symbole employé pour l'idée d'esprit, âme, ba.

b,2 ba paraît être le nom même du bélier et du bouc qui le remplace quelquefois. On l'emploie également pour ba esprit, dont il paraît aussi avoir été le symbole.

b,3 Un bloc sur un traineau ba, représente particulièrement les produits, les richesses.

b,4 Un creux de cette forme: avec la lecture ba, il s'applique surtout aux mines et carrières.

p,1,2 est un pain consacré, où l'on voit quelquefois distinctement l'empreinte des doigts du prêtre. Ces disques comportent une foule de variantes dans leurs formes suivant les époques, telles que , , , , , , &c.(1) Ils correspondent aux valeurs pa, pau, paut, patu et même pat. Le premier sens est pains, vivres; mais on a aussi voulu figurer quelquefois la lune obscure ou nouvelle lune absolue et, outre cette signification, ces disques s'appliquent encore à divers autres mots s'écrivant paut et pa-tu.

p,3 est un des symboles de l'idée des liquides, on le trouve en variante de pu, dans des monuments peu anciens. (Voyez ru).

K,1 69 — C'est le projectile employé pour la chasse aux oiseaux: il se rencontre avec la valeur

---

(1) On trouve même quelquefois le disque du soleil ou employé pour cette valeur.

[hiéroglyphe] Ka sur les plus anciens monuments memphites; plus récemment nous le retrouvons avec la valeur [hiéroglyphe] Ka.

K,2,4, [hiéroglyphe] Ka paraît signifier mâle, c'est pourquoi le mot est écrit préférablement par les signes [hiéroglyphe] taureau et, [hiéroglyphe] phallus; qui prennent ainsi la valeur Ka.

K,3 Ka, ainsi écrit [hiéroglyphe], signifiait spécialement élevé, grand, hauteur &c.

K,1 [hiéroglyphe] Ka, ressemble à une sorte de morceau de bois dont se servaient les hommes de peine pour porter sur leurs épaules divers objets suspendus comme dans deux plateaux de balance; sa valeur Ka [hiéroglyphe] paraît être le nom de l'objet.

K,2 [hiéroglyphe] Ka, est une sorte de paquet noué qui se rencontre dans les plus anciens monuments, comme variante phonétique de [hiéroglyphe]; nous le retrouverons avec d'autres usages.

T,1,2,3,4 70 — [hiéroglyphe]; [hiéroglyphe], [hiéroglyphe]; [hiéroglyphe]; [hiéroglyphe], [hiéroglyphe], [hiéroglyphe] &c. Ces types figurent des pains isolés, ou groupés, ou posés sur divers paniers. Ils servent fréquemment pour transcrire la syllabe ta; le type [hiéroglyphe], [hiéroglyphe], [hiéroglyphe], donne lieu à une remarque spéciale, on le trouve comme abrégé du mot [hiéroglyphe] tef, forme pleine, [hiéroglyphe] atef père.

t,5 [hiéroglyphe] ta paraît figurer une plaine, son premier sens est le mot ta pays (copte θο).

t,6 [hiéroglyphe] tu terrain accidenté, il représente les montagnes et les vallées; c'est le copte ⲧⲱⲟⲩ montagne.

t,7 L'oiseau ti prend diverses formes telles que &c: il remplace ou redouble la syllabe ti, surtout dans son rôle de finale grammaticale, quand elle caractérise les dé-rivés: c'est une valeur très-ancienne.

t,1,2 et sont le type de l'idée d'offrande et de don; ils se lisent ṭu, en copte ϯ, ⲧⲟⲓ, donner.

t,3 La valeur ṭau pour l'étoile ★ peut être tirée du mot ★ ṭau matin (en copte ⲧⲟⲟⲩⲉ). Le mot est employé ensuite pour l'adoration ★ ṭaau &c.

t,4 est une variante de l'étoile pour les syllabes ṭau ṭuau, nous n'en connaissons pas le sens primitif.

ṫ,1 L'oiseau naissant, le bec ouvert, est employé de préférence dans le mot ṫa saisir (copte ϫⲓ) et dans touts les dérivés de ce radical. Il vient ensuite en variante de ou ṫ.

ṫ,2 , variantes , paraît être l'extrémité d'un doigt ou d'une griffe. C'est le détermina-tif spécial de l'idée de saisir dans le mot ṫa et c'est de là qu'il emprunte sa valeur phonétique ṫa, qu'on commence à rencontrer vers la XXe dynastie.

M,1 ma, le vase suspendu. La première idée qu'on y attachait était celle d'équilibre, d'égalité. La particule ma comme, marque son usage le plus fréquent. Il est purement phonétique et se trouve en variante de m, dans le nom du chat mau (copte ⲉⲙⲟⲩ).

n,2,3. un vase, et une offrande sur la main symbolisent l'offrande ou le don, mā (d'où le copte ⲙⲟⲓ da); le groupe ou est très usité dans les transcriptions de mots étrangers pour la syllabe mā, en variante de .

,4 le profil d'une coudée ou d'une règle est le symbole du juste et du vrai, mā (en copte ⲧ-ⲙⲏⲓ justitia et veritas).

,5 est une variante du même, très usitée dans la haute antiquité. Je ne vois pas clairement ce qu'il représente, (souvent il m'a semblé y reconnaître un doigt, type de la mesure).

,6 mā la plume d'autruche était consacrée aux mêmes idées de justice et de vérité.

,7 mā. Le vautour était le symbole de la mère. La valeur mā vient du mot mā-t mère, (en copte ⲧ-ⲙⲁⲩ)

8,9 et équivalent à mu eau, (copte ⲙⲱⲟⲩ).

1 , variantes , les mains s'écartant ou retournées, symbole de la négation n. Ce signe se trouve employé phonétiquement pour na et pour an.

2 Ce groupe est composé de la lettre n et du signe du pluriel; ainsi constitué, il sert à écrire le pronom de la première personne du pluriel na; mais ensuite, il passe avec la valeur phonétique na dans l'intérieur des

mots: nous l'avons rencontré dans la combinai-son [hiéroglyphes] nera ou nar étudiée ci-dessus (voyez N°44).

n, 3 [hiéroglyphe] est un des instruments de l'ébéniste; il a plusieurs variantes de formes qu'on reconnait facilement: [hiéroglyphe] forme très-ancienne est un peu différente et mérite d'être mentionnée. Quand cet instrument est sur un support [hiéroglyphe], c'est le mot setep éprouver, choisir; mais seul [hiéroglyphe] est un homophone usuel de la syllabe nu. (Il remplace également [hiéroglyphe] nen).

n, 4 [hiéroglyphe] sert quelquefois de variante à [hiéroglyphe] pour la valeur nu.

n, 5 [hiéroglyphe] Ce signe représente une ville ou une région habitée: il se transcrit par le mot nu qui devient sa valeur phonétique dans des variantes telles que [hiéroglyphe] égal à [hiéroglyphe] nu-t (nom de la déesse céleste)

R, 1 [hiéroglyphe] Le disque du soleil rā (copte Π-ΡΗ) est quelquefois employé syllabiquement pour rā et plus tard pour r simple.

r, 2 [hiéroglyphe] La grande couleuvre se lisait ru, elle devient r aux époques plus récentes.

r, 3 [hiéroglyphe] Le signe des liquides sert fréquemment à écrire la syllabe ru dans les papyrus de la XIXe dynastie; cette valeur phonétique peut être tirée de rer signifiant couler.

S, 1 72 — [hiéroglyphe], [hiéroglyphe], formes antiques [hiéroglyphe], [hiéroglyphe], semble le couvercle de quelque ustensile. On l'emploie spécialement pour écrire la particule [hiéroglyphe] sa derrière, après; sa valeur syllabique sa est extrêmement usitée.

,2 L'oie du Nil était l'hiéroglyphe spécial du mot fils sạ (devenu en copte ϣe), mais sa valeur phonétique sạ s'étend au delà de cette idée.

,3 l'œuf varie avec l'oie, comme idéographe et comme syllabe sạ, mais son emploi ne paraît commencer qu'à la XIXe dynastie.

,4 Le chacal apparaît vers la même époque, comme variante de l'œuf ou de l'oie, avec la valeur sạ et pour écrire le mot fils.

5,6 et sont deux nœuds symboliques, qui me paraissent mis en rapport avec l'action protectrice et conservatrice de la divinité; leur lecture est sạ, elle passe à l's simple aux basses époques.

,7 Un personnage accroupi et portant divers emblèmes , : il se lit sạa et sạau. Le premier sens est certainement garder, surveiller, mais il correspond aussi phonétiquement à un verbe sạau qui signifie briser.

5,8 , sorte de pièce d'étoffe; il se lit sạa et sert ordinairement à écrire un verbe sạa signifiant connaître &c.

5,9 Cette plante paraît la même que celle qui désigne idéographiquement le midi, mais souvent, dans cette dernière acception, on la figure fleurie , . seul représente quelquefois l'idée du suten ou roi (de la Haute Egypte spécialement), peut-être sa valeur phonétique su vient-elle de ce mot. su varie

avec s simple et avec [hiéroglyphe] si, en raison d[e]
vague des voyelles.

s, 10 [hiéroglyphes], sceptre, emblème spécial du nôme de Thè[bes].
Outre divers mots correspondant à des idée[s]
symboliques, ce sceptre avait deux noms
[hiéroglyphes] tām et [hiéroglyphes] uas. Ce dernier nom prod[uit]
les valeurs syllabiques uas et su, qui ne di[ffè]
-rent que par la position de la voyelle.

š, 1 [hiéroglyphe] Le Chacal debout (et quelquefois aussi couch[é]
[hiéroglyphe]) prend, dans divers mots, la valeur syll[a]
bique ša qui devient š sous les Ptolémées.

š, 2 [hiéroglyphe] paraît figurer le soleil levant; les variante[s]
de forme sont nombreuses, [hiéroglyphes]
[hiéroglyphe] et d'autres encore se reconnaissent assez
facilement. Je n'ai pas rencontré de variant[e]
avec le premier complément phonétique de
[hiéroglyphe]; mais il correspond certainement au cop[te]
ϣⲁⲁ oriri. On trouve sous les Ptolémées la pa[r]
-ticule [hiéroglyphe], qui peut être variante de [hiéroglyphe] χer [et]
de šer [hiéroglyphe]. š me paraît le premier complém[ent]
phonétique de [hiéroglyphe], sinon certain du moins
très-probable; le second est [hiéroglyphe] ā.

š, 3 [hiéroglyphe] La plume d'autruche est un symbole d'éclat
de lumière; en ce sens, le mot [hiéroglyphes] se lit
[hiéroglyphes] šu: de là le nom du dieu solaire [hiéroglyphes]
šu. Phonétiquement on le trouve pour [hiéroglyphes]
šu exempt &c. (Conf. le copte ϣⲟⲩⲟ vacuus).

χ, 1 73 — [hiéroglyphe] le poisson oxyrinque est très usit[é]
pour écrire le mot [hiéroglyphes] χa corps: il y a

probablement là quelque idée symbolique qui nous échappe.

χ,2 χu, un oiseau à la huppe éclatante (la grue couronnée?) les variantes sont, d'abord, la tête du même oiseau, puis, plus tard, un autre oiseau échassier à aigrettes et sa tête. C'est un symbole d'éclat, d'honneurs, &c. Le radical χu a, dans ce sens, un domaine étendu et varié. On trouve comme variantes graphiques et même. Il y avait également une forme avec les initiales a et au, , , d'où résultent pour les lectures aχ, aχu, auχu. Ce signe varie quelquefois avec les trois suivants.

χ,3 , , χu est spécialement la lumière.

χ,4 χu ou le fouet, indique le gouvernement et la protection. Toutes ces significations appartenaient au radical χu.

χ,5 , est un insigne du commandement, porté par des officiers d'un rang élevé, il se prononçait également χu et variait quelquefois avec les précédents.

χ,6 Le plafond, symbole du ciel, était lié aux idées de hauteur, exaltation. C'est dans ce sens qu'on lui attribuait la valeur phonétique χi. Le thème χi, forme pleine aχi, signifiait élever, exalter (conf. le copte ⲉϣ suspendere).

H,1 , ha paraît un abrégé du groupe de plantes

qui désigne la basse-Egypte, et le nord par extension. Seul il sert à écrire la particule ḫa derrière; dans les idées égyptiennes, le midi était en avant et le nord en arrière, le choix de est donc ici intentionnel. Sa valeur ḫa, comme homophone de ḫ, est très fréquemment usitée.

ḥ,2 ḥā est, au contraire, lié aux idées de chef, premier, devant.

ḥ,3 ḥā est un mât double avec échelons en travers; il indique la station: ḥā, stare, (copte ⲟϩ).

ḥ,4 ḥu semble quelquefois être une défense d'éléphant ou d'hippopotame; l'ivoire est ainsi figuré dans les tributs. Il est employé d'abord pour le mot ḥu signifiant les vivres. (Confér. le copte ϩⲉ). Son usage comme homophone de ḥ est très-ancien; il varie avec le suivant.

ḥ,5 paraît une dent canine, il détermine le mot abeḥu dent (en copte ⲟⲃϩⲉ): son emploi phonétique devient plus fréquent dans les basses époques.

74 — Tableau des signes syllabiques, 2e Classe: deux articulations, Voir planches VIII, IX, X, XI, XII, XIII, XIV et XV.

Remarques
Sur les signes du précédent tableau.

,1 75 — La remarque que nous avons faite sur les valeurs uas et su appartenant au sceptre peut s'appliquer d'une manière assez générale aux syllabiques commençant par une voyelle. Ainsi af signifie mouche, abeille (copte ⲁϥ musca, apis); de là pour l'abeille la valeur syllabique fa, f, par le simple changement de place de la voyelle.

,2,3. Les valeurs ab et ab conviennent à toute une série de signes, dérivant de deux types bien distincts. Le premier est une sorte d'instrument pointu &c. L'autel, seul ou chargé d'un vase ou d'un pain, est le second type : &c. Les variantes arrivent à confondre les deux types. Ce sont les caractères les plus usités pour la syllabe ab qui paraît, parmi bien d'autres sens, posséder ceux d'autel et d'offrande.

,4 ab L'autel reparaît, plus ou moins chargé d'accessoires, dans ce nouveau type qui sert surtout dans l'écriture du mot abt orient (copte ⲉⲓⲃⲧ): variantes &c.

,5 ab c'est l'emblème portatif spécial pour le nôme d'Abydos: sa forme varie aussi beaucoup, les plumes manquent quelquefois tout à fait , on y ajoutait aussi d'autres emblêmes qui ne changent pas essentiellement sa forme.

α,6 Le veau courant ou marchant tranquillement la valeur ab paraît être un nom de veau: on l'emploie par exemple dans le mot ab soif (en copte ⲁⲃⲉ, ⲓⲃⲉ).

α,7 Un pion de jeu; la valeur ab vient d'un mot qui signifie jeux, exercices. (Conf. le copte ⲥⲱⲃⲉ illudere)

α,8 La même idée a fait appliquer la valeur ab à un homme dans diverses attitudes gymnastiques, dont la plus caractéristique paraît être .

α,9 Le traineau chargé, plus habituellement lu bo se prêtait aussi à la lecture ab.

α,10 Le disque lunaire et le croissant ( ). Celui-ci est employé pour ab dans le mot abet mois (copte ⲁⲃⲟⲧ). Cette valeur me paraît certaine quoique les variantes phonétiques n'aient encore été observées que dans les basses époques.

α,11 Le vase de la forme est le symbole du cœur humain. On le trouve quelquefois avec la prononciation ab, par exemple dans le nom d'Éléphantine qui s'écrit souvent ab (1).

α,12 ab est une des nombreuses valeurs de ce petit instrument; celle-ci peut être tirée de ab ivoire (ebur).

---

(1) Mr Le Page Renouf a récemment publié diverses variantes qui tendent à établir que ab est la prononciation qui doit être appliquée habituellement au caractère quand il est écrit seul.

α, 13, 14 est une peau tachetée et une pièce d'étoffe servant de vêtement, à peu près de même forme: leur valeur ā͟b est très ancienne.

α, 15 Le vase de cette forme varie avec le précédent ou compose avec lui un groupe tel que qui se lit également ā͟b.

α, 16 Une corne, la pointe en avant: sa valeur ā͟b vient peut-être du mot ā͟b͟ā͟ contre, contraire (copte m. ⲟⲩⲃⲉ). On le combinait avec le vase versant pour écrire le mot ā͟b purification.

α, 17 Le premier sens du mot a͟p écrit avec les deux cornes ainsi écartées, paraît être discerner, séparer, d'où juger, compter et guider. C'est un radical possédant un très-large domaine. On trouve les deux compléments a p (le démotique le prononçait up; c'est le copte ⲱⲡ judicare, computare, d'où ⲁⲡⲥ numerare).(1)

α, 18 Le palmipède ā͟k se reconnaît à la disposition spéciale de son long cou qui ressemble à celui du cygne; il est très anciennement employé dans le verbe ā͟k entrer, avancer, écrit également .

α, 19 Ce sont les traits qui composent le dessous de l'œil mystique . Les mots a͟t et

(1) La syllabe a͟p est écrite dans le nom de Thèbes par le signe que Champollion prenait pour le profil d'une crèche il faudrait ajouter ce signe à la liste, si on le trouvait dans d'autres acceptions avec la valeur a͟p.

aạt, qui s'écrivent spécialement avec pour syllabique ou pour déterminatif, s'appliquent surtout à l'idée d'eau céleste, d'émanation divine. Je crois qu'il est connexe avec le copte ⲓⲱⲧⲉ rosée : il exprime une idée analogue à la tradition des larmes d'Isis, faisant gonfler le Nil.(1)

a,20 aṯ. Le signe et ses nombreuses variantes de formes &c. doivent certainement être lus aṯ, dans divers cas indiqués par les variantes très-répétées pour et seṯeṯ pour saṯeṯ. Cette valeur explique les variantes de avec dont le premier trait est identique avec . (Voyez le même signe à la syllabe keṯ).

a,21 est un filet tendu, aṯ et aạṯ paraissent le nom même de l'engin représenté.

a,22 aṭu est un des noms du crocodile, il explique cette valeur aṯ.

a,23 La tête d'hippopotame sert à écrire le mot aṯ dans le sens d'instant. Cet animal indiquait l'heure en général, suivant Horapollon; on trouve les variantes a ạ ā et deux nuances de la dentale ṯ et ṯ

a,24 l'oreille de veau, type de l'ouïe: aṯ était un des noms de l'oreille.

---

(1) Par le déplacement de la voyelle, prend aussi la valeur ṯaa.

,25 , abrégé en , objet inconnu ; sa valeur égale à <u>ā</u>t est souvent employée dans le nom de la barque solaire[1] mā-āt. On trouve la variante āt.

,26 <u>am</u> semble une pièce de charpente ; variantes et . Il est surtout usité pour la particule <u>am</u> dans, et pour le verbe <u>am</u> manger (copte ογωμ).

,27 L'arbre est également très-employé pour la valeur <u>am</u>. L'espèce nommée <u>am</u> (un palmier ?) a fourni cette valeur.

,28 <u>am</u> est la négation prohibitive. La valeur syllabique <u>am</u> est rare pour , en dehors de cette acception.

,29 <u>am</u>. Je tire cette valeur de <u>am</u> signifiant lumière, rayon : elle doit servir à lire le groupe .

,30 Le bâton de cette forme est employé depuis la plus haute antiquité pour écrire le nom des bouviers <u>ā</u>mu qu'il semble caractériser. Ce même nom est attribué d'une manière générale par les égyptiens aux tribus sémitiques qui les avoisinent.

,31 Le dessus d'une porte varie avec le , dans les plus anciennes inscriptions pour la valeur <u>ā</u>m ; il devient plus tard un ā simple.

---

(1) On trouve aussi l'enfant avec la valeur <u>a</u>t et employé pour <u>a</u>t ; mais ces valeurs sont rarement usitées, je me contente de les mentionner.

a,32 Le vase n sur deux jambes en marche sert à écrire le mot an, (dans le sens du copte ЄΝ) amener, ramener, venir; d'où revenus, produits, tributs. Les compléments phonétiques, s'observent notamment dans les variantes du nom royal Antef: égal à . an par suppression de la voyelle, devient n simple et sert même à former le groupe nt pour d dans une variante de Darius.

a,33 Un homme courant; compléments a, n Un de ses emplois les plus remarquables se trouve dans la particule an de, ou .

a,34,35. L'œil complet ou et le poisson an dont la forme imitait le tracé de l'œil, s'échangent très fréquemment. Les compléments sont a ou ā et n. Il me paraît probable que ce mot est identique avec l'hébreu עין œil.

a,36 L'ellipse exprimait naturellement l'idée du verbe ān retourner, revenir (copte ОΝ rursus) on le combinait quelquefois avec les précédents ou .

a,37 an est un objet inconnu, il semble qu'il soit analogue aux mâts de décoration; on voit dans divers bas-reliefs, les rois consacrer aux dieux des d'une forme extrêmement allongée (1). Il ser

(1) Diverses inscriptions désignent ces votifs comme étant offerts avec des obélisques et devant être érigés de même.

spécialement à écrire le nom d'Héliopolis [hiéroglyphes] ānu et celui de certaines peuplades étrangères.

α, 38 [hiéroglyphe] La partie intérieure de l'œil ar. Suivant Plutarque, l'œil en égyptien se disait iri. La voyelle vague [hiéroglyphe] a ne s'oppose pas à cette prononciation : nous la retrouvons dans le nom d'Osiris [hiéroglyphes], qu'on peut transcrire osir, avec des voyelles fixes, ou asar avec les voyelles vagues, comme l'ont fait les Phéniciens qui l'écrivaient אסר. (1)

α, 39 [hiéroglyphe] instrument inconnu qui double ou remplace souvent la syllabe ar, [hiéroglyphes].

α, 40 [hiéroglyphe] L'escalier, ou la pyramide à degrés : sa valeur ār est empruntée au verbe [hiéroglyphes] ār ascendere, (en copte ⲁⲗⲉ). La forme [hiéroglyphe] est plus rare pour la valeur ār (V. la syllabe χet). (2)

α, 41, 42 [hiéroglyphes] et d'autres variantes analogues ressemblent beaucoup au volume de papyrus, fermé et lié [hiéroglyphes]. La valeur phonétique est [hiéroglyphes] as ; peut être y a-t-il un rapport entre ce signe et le mot copte ⲁⲥ antiquus car, suivant Horapollon, le papyrus désignait l'antiquité.

α, 43 [hiéroglyphes]. Un couteau ou un pieu ; les variantes arrivent

---

(1) Variantes de formes : la pupille ⊙, •, et O dont je ne reconnais pas l'objet, peut être un grain de raisin, (en copte ⲁⲗⲟⲗⲓ uva).

(2) Le caractère [hiéroglyphe] qui représente une personne assise et portant des attributs dont la figure varie, sert à écrire le radical ar, ari, garder, accompagner. Je ne l'ai pas trouvé sous les Pharaons, employé en dehors de ces acceptions.

à se confondre avec celles du précédent, il est son homophone pour la syllabe as.

α,44 [hieroglyph] as. Ce siège est, entre autres usages, l'initiale des noms d'Isis [hieroglyphs] et d'Osiris — [hieroglyphs]. Le premier complément est un a dans toutes les variantes, quand il s'agit d'Isis et a, u, au, quand il s'agit d'Osiris, dans les textes des basses époques. Dans d'autres mots, [hieroglyph] perd sa voyelle initiale et devient s simple, suivant le principe énoncé ci-dessus. Le vague de la voyelle est la source des explications divergentes que donnent les auteurs grecs pour le nom d'Isis et même pour la prononciation de celui d'Osiris.(1)

α,45 [hieroglyphs] as représente la statue d'un ancêtre, tenant ordinairement le fouet sacré. Je n'ai jamais rencontré le premier complément, mais c'était certainement un a, car le groupe [hieroglyphs] répond au copte ⲁⲥ antiquus et au mot ⲁⲥⲟⲩ pretium. [hieroglyphs] as s'emploie particulièrement pour l'adjectif as saint, vénérable, précieux ; c'est l'épithète spéciale des pierres précieuses.

α,46,47 Le morceau de viande [hieroglyphs](2) &c et la bourse [hieroglyph] (des testicules) répondent au phonétique [hieroglyphs] asui : comparez les mots coptes ⲁⲥⲟⲩⲓ crumena, saccus et ⲁⲥⲟⲩ pretium. Il se trouve souvent dans le sens de prix, récompense.

---

(1) Une sorte de lit portatif [hieroglyph] remplace quelquefois le siège [hieroglyph] dans le nom d'Osiris

(2) [hieroglyph] forme de l'inscription de Rosette.

x,48 as est encore une prononciation souvent attribuée à ce groupe de fleurs.

x,49 Un nœud passé dans une corde horizontale, paraît définir l'idée de remorquer, attirer; as est souvent la prononciation de ce signe. as, vite! dépêcher, presser est le copte HC festinatio.

Pour terminer ce qui concerne les syllabiques par l'initiale a, il est utile de rappeler le principe du changement de place de la voyelle et les exemples déjà cités, tels que χu pouvant produire aχ et ḥā devenant quelquefois āḥ.

ı,1,2, 76 — et ub. On peut réunir sous ces deux types une immense variété de formes (1) qui se rapportent toutes à une sorte d'instrument que l'on voit dans les mains des gens qui travaillent à creuser des vases.

On trouve fréquemment le mot uba dans diverses acceptions, telles que diriger, traverser, et aussi être habile dans certains arts.

,3 uab est une des syllabes représentées par le sceptre, peut être en rapport avec l'idée de pureté, de sainteté (Comparez le copte OYAAB purus, sanctus). Quoique ce sceptre soit réellement caractérisé par la tête d'un quadrupède,

---

(1) & et toutes les mêmes formes avec la tige brisée, &c ne présentent qu'un faible échantillon de ces innombrables variantes. Le type se reconnaît néanmoins sans difficulté.

il est néanmoins certain que c'est lui qu'a entendu indiquer Horapollon par le Koukouphat qu'il attribue aux sceptres divins.

u,4 ut, paraît figurer un bouton de plante (en copte ⲟⲩⲉⲧⲟⲩⲟⲧ signifie les pousses des plantes, l'herbe). les compléments sont ut et plus rarement ut.

u,5 uaṭ figure tout à la fois et une tige de lotus et une colonne qui en copie la forme. Sa valeur antique exacte était uaṭ. Il s'emploie pour la couleur verte, pour un feldspath vert de mer dans lequel on taillait l'amulette sacrée de la forme . (comparez les mots coptes ⲟⲩⲉⲓⲧ, columna, ⲟⲩⲟⲧ, viridis). C'était un symbole de largesse et de vie heureuse, idées exprimées aussi par le verbe uaṭ.(1)

u,6 Le lièvre était, suivant Horapollon, un symbole de l'ouverture, ce qui vient probablement de ce que le verbe un, ouvrir (en copte ⲟⲩⲱⲛ) s'écrivait avec ce syllabique, sic un avec une porte comme déterminatif.

u,7 (nœud ou fleur?) variante très-ancienne du lièvre pour la syllabe un.

u,8 ur paraît bien être l'hirondelle. Les grecs l'ont transcrit oër dans le nom divin

(1) L'œil symbolique qui se lit uṭa et l'instrument inconnu , , , qui se prononce uṭā pourraient être ajoutés ici, mais leur emploi purement phonétique est très-rare.

Aroëris. Nous ne savons pas l'origine de sa valeur ur qui est très-ancienne.[1]

X Cette petite croix sert de variante à l'hirondelle pour la syllabe ur, mais c'est une valeur assez récente.

uas a été expliqué ci-dessus (voyez su), c'était un des noms du sceptre.

, uaḥ paraît figurer un rameau de palmier (copte ⲃⲁϩ ramus palmæ). Le verbe uaḥ correspond au copte ⲟⲩⲁϩ addere, ponere &c qui a un domaine extrêmement étendu.

77 — et . Le nez de veau sert à écrire le nom égyptien du nez fenṭ ; on le trouve aussi pour la syllabe fet.

Une femme accroupie remplace la syllabe bek. La valeur vient du radical bek concipere. (copte ⲃⲁⲕ), souvent l'image est celle d'une femme enceinte (copte ⲃⲟⲕⲓ gravida).

signe analogue au petit ciseau : sa valeur est bet et bet. Nous ne savons pas l'idée qu'il représentait.

Le poisson de cette forme se lit bet ; cette valeur est tirée du mot betau (en copte, ⲃⲟⲧⲉ) detestari, abominatio. On sait que le poisson était défendu comme impur à

---

(1) Ce n'est pas le nom de l'hirondelle qui s'appelait menna-t , il y avait là quelque symbolisme qui nous échappe.

certaines classes de prêtres.

b, 4 [hieroglyph] bes. Ce poisson se confond souvent par la forme avec le précédent, cependant sa lecture est [hieroglyph] bes: il est très-usité dans le verbe [hieroglyph] bes, venir, conduire. Nous ne savons pas l'origine de cette valeur, ce pouvait être le nom d'une sorte de poisson.

b, 5 [hieroglyph] Un oiseau qui me paraît être le vanneau, est perché sur un tas de grains. L'oiseau est quelquefois seul [hieroglyph]. C'est un symbole d'abondance. Le verbe [hieroglyph] bāḥu (forme plus pleine abāḥu [hieroglyph]), qui s'écrit avec ce symbole, signifie l'abondance; il se prend pour l'inondation, et aussi dans le sens de combler de biens.

b. 6 [hieroglyph] Le phallus correspond quelquefois au phonétique [hieroglyph] bāḥ, dans le sens de devant, avant: bāḥ paraît avoir eu aussi la signification de pudendum.(1)

p, 1 [hieroglyph] La tête d'un échassier ornée de deux aigrettes sert à écrire les syllabes [hieroglyph] pek et [hieroglyph] peḳ.

---

(1) La syllabe bex était écrite par le signe de la femme qui accouche [hieroglyph], forme pleine [hieroglyph]. Je ne l'ai pas rencontré en dehors de son sens propre qui est enfanter. Les montagnes orientales auxquelles on appliquait le nom de [hieroglyph] bex, le devaient au lever du soleil, toujours comparé à une naissance.

Je crois qu'on l'a choisie pour rendre les idées de choses partagées, divisées. Cela répond au radical copte *sah*. ⲡⲱϭⲉ fragmentum &c. On trouve sous le radical pek les idées de brêche, planche, chanvre ou lin &c..

,2 pet, un arc étendu est choisi de préférence pour écrire le radical pet, signifiant dilater, (comp. les mots coptes ⲡⲉⲧⲧⲉ arcus, ⲡⲁⲧⲥ dilatare).

,3 La jambe, employée pour la valeur pat, se retrouve dans le copte ⲡⲁⲧ pes.

,4 Le disque. pāt est une des valeurs qu'on rencontre pour les disques variés étudiés ci-dessus (Voyez pau).

,5 est le plan de la plus simple demeure; on représentait figurativement les verbes āk entrer et pere sortir, par les groupes et . Le serpent (souvent sans cornes) symbolisait la personne agissante, peut-être à cause de son rôle comme pronom de la 3e personne.. Syllabique très usité sert à exprimer le mot pere maison et puis une foule de mots, tels que le radical pere oriri (copte s. ⲡⲓⲣⲉ). Perdant de bonne heure son **r** final, il devient égal à p simple : nous le retrouvons avec cette valeur dans le sens de demeure, au commencement de noms locaux qu'il sert à composer, exemple: pa-bast Bubastis (1).

---

(1) La syllabe per est aussi représentée dans les noms propres, par groupe qui indique les semences et se prononçait per.

p, 6 Le sceptre de cette forme paraît répondre à [la] syllabe pex dans les variantes de la dées[se] pext, forme pleine.

p, 7 Les parties antérieures du lion représentai[ent] suivant Horapollon, le courage, l'ardeur, &c. L'inscription de Rosette traduit notre signe par la gloire. Les textes antiques nous appr[en]-nent que le mot correspondant se lisait peḥ et que le premier sens est la valeur guerri[ère] que suivent naturellement les acceptions d[e] gloire et d'honneurs. On reconnaît ce radical important dans les mots coptes παϩc prœda, παϩτ procidere, m. ϕαϩ disrumpere, πι-ϕωϧι v[a]-lidus.

p, 8 Le derrière du lion est employé (en contraste avec le ḥā devant) pour indiquer les par[ties] postérieures. Le mot antique était peḥ (le copte παϩογ). La valeur phonétique peḥ [qui] en résulte amène le singulier phénomène [de] faire de une variante usuelle de .

p, 9 Le creux, emblème des puits, sources &c. reçoi[t] aussi la valeur peḥ. C'est surtout lorsq[u'on] l'applique aux marais et terrains inond[és] qui formaient la troisième division des liste[s] géographiques égyptiennes.

K, 1 78 — variantes &a Keb (comp. le copte κaβι ampulla). Le vase de cette forme répond à l'idée de fraîcheur; Keb est le copte κβ refrigerare. Le même vase s'emploie pour

Kebeh libation, dérivé du même radical. Sa valeur phonétique Keb s'applique à divers autres mots.

K, 2 Keb. L'anneau de cette forme est employé avec le son Keb, pour l'idée de pli, repli, fois. Le copte a conservé les mots ⲕⲉϥ plicare, ⲕⲃⲃⲉ plicatura, ⲕⲱⲃ multiplicare.

K, 3 Ce signe doit être lu Kep. La variante Kep est certaine pour le sigle lequel n'est probablement autre chose que l'hiératique correspondant à dans les papyrus de la XIXe dynastie. Le groupe Kep sert à écrire divers mots tels que Kap cacher &c.[1] en copte ⲕⲱⲡ. , , quoique assez différent de forme, ne me semble pas autre chose qu'une variante du précédent. il apparaît avec la même valeur Kep.

K, 4 Objet inconnu: on le trouve avec le complément p. Je pense qu'il est le même que le signe usité dans l'écriture des rituels hiéroglyphiques et qui s'y trouve comme variante de Kep.

K, 5 , Les types aux nombreuses variantes pour lesquels nous avons constaté ci-dessus les valeurs as et at, se trouvent plus fréquemment

---

(1) Comparez Papyrus Prisse IX, 3: Kapu. La patte de chat très usitée aux basses époques, me paraît une variante de , pour la valeur Kep.

avec le complément [hieroglyph] t. On possède deux transcriptions indiquant l'une et l'autre la valeur Ket. La première est le nom du décan [hieroglyph] saket, le σεχετ de la liste grecque ; la seconde se tire du nom ancien d'Alexandrie Racotis ; en égyptien, il est écrit (1) [hieroglyph] ra-keti, aucune variante antique n'a pourtant apporté le premier complément K. Nous avons cité plus haut des exemples certains pour un premier complément [hieroglyph] a, qui rendent cette question obscure : c'est une syllabe usitée dans une foule de mots.

K,6 [hieroglyph], [hieroglyph] Champollion donne ce signe comme la queue du crocodile et, suivant Horapollon cet animal serait un emblème des ténèbres ; ce qui est certain, c'est que notre signe [hieroglyph] se lisait Kem, signifiant noir (comme le copte ΚΑΜΕ) et qu'il était appliqué au nom de l'Egypte [hieroglyph] Keme-t (copte ΚΗΜΕ) Mais [hieroglyph] s'emploie aussi pour Kem dans des acceptions toutes différentes : [hieroglyph] akem bouclier &c.

K,7 [hieroglyph] L'oiseau appelant, lié à son poteau, a pour expression phonétique [hieroglyph] Kem. Le premier sens du mot est probablement celui du copte

(1) La porte de cette forme [hieroglyph], qui a ordinairement la valeur sa, prend aussi sous les Ptolémées, une autre valeur ra, porte, (c'est ΡΟ porta en copte).

ⲕⲓⲙ movere, pulsare. Le verbe Kem signifie créer, produire. L'oiseau seul se trouve quelquefois en variante de ce caractère, par abréviation; cependant est essentiellement lié à un autre type d'idées (voyez à la syllabe χen).

,8 Le poteau, avec la valeur Kem, n'est que l'abrégé du précédent.

,9 Un angle, un coude représente le radical Ken, qui a laissé sa trace pour cette acception, dans beaucoup de mots coptes (1).

,10 Le petit ciseau se retrouve ici avec la valeur Kes. Peut-être provient-elle du mot Kes os, (en copte ⲕⲁⲥ idem), car le petit instrument du sculpteur et de l'ébéniste se trouve de même avec ab, ivoire.

,11 Le paquet noué prend probablement sa valeur Kes du mot Kes ensevelir (copte ⲕⲱⲥ curare cadaver). On trouve souvent la forme plus développée Kras qui a le même sens.

12 Ce caractère répond aux mêmes syllabes que le précédent Kes et plus habituellement Kras; mais le premier sens doit être ici dompter, vaincre. L'homme est représenté tenant

---

(1) Le même signe se retrouve avec la prononciation Ker. Les deux formes étaient très-voisines; comparez le copte ⲕⲉⲗ plicare.

deux serpents sur lesquels il exécute un tour d'équilibre ou de force. On trouve diverses varian-tés de tracé telles que ; on rencontre aussi quelquefois le personnage placé de même, mais sur deux girafes . Ce signe s'échange avec le précédent ou se combine avec lui pour les syllabes Kes et Kras.

K̦,1,2 L'oiseau cherchant sa pâture et le poteau , qui est sa variante usuelle indiquent particulièrement l'idée de trouver. Le second complément m est fréquent, le premier est plus controversé. Les variantes du nom de pays bukem, égal à &c, ont fourni à Mr Brugsch la valeur K, pour les temps ptolémaïques. Je crois que la nuance ancienne était K̦ : le verbe voir, observer, s'écrivait quelquefois K̦emeh.(1) Quant au type K̦em dont le sens principal est trouver, il répond régulièrement aux mots coptes B. ϭⲓⲙⲓ, m. ϫⲓⲙⲉ, s. ϭⲓⲛⲉ invenire.

K̦,3 Le petit ciseau a certainement encore la valeur K̦en ; souvent alors il est combiné avec le disque solaire et sert à écrire le mot K̦en ou , signifiant le temps.

K̦,4 , . On croit reconnaître, dans ce signe, une jambe prise au piège ou retenue dans une

(1) Voyez le sarcophage du roi Aï, de la XVIIIe dynastie.

entrave. Il est certain que le verbe [hiéroglyphes] Ker signifie tenir, posséder; mais il y a aussi plusieurs autres sens attachés à ce groupe.[1]

1 79 — [hiéroglyphe] tep. Les transcriptions démotiques ont révélé à M^r. Brugsch la valeur tep pour la tête dessinée de profil; ce type paraît conservé dans la préposition copte ϩⲓⲧⲡⲉ super, correspondant à [hiéroglyphes] ha-tép.

2 [hiéroglyphe] La syllabe [hiéroglyphe] tep est figurée par le nez de veau dans des textes très-anciens.

3 [hiéroglyphe] Le doigt, ainsi dessiné, y joue le même rôle. Je pense que cette valeur est empruntée, dans l'un et l'autre cas, à l'idée du goût (en copte ⲧⲉⲡ gustare).

4 [hiéroglyphe] L'image d'une momie décorée et ordinairement dressée répond souvent à [hiéroglyphes] tut image. Elle reste affectée à la syllabe tut dans d'autres acceptions.

5 [hiéroglyphe], [hiéroglyphe] tem, syllabique d'un usage très-étendu. Sa valeur vient du nom même du traineau [hiéroglyphes] temme. La négation tem, [hiéroglyphe] ou [hiéroglyphes], est le copte ⲧⲉⲙ de même valeur. Le nom du décan [hiéroglyphe] tem est transcrit dans la liste grecque par τωμ.

6 [hiéroglyphe] ten L'appelant convenait parfaitement pour

(1) Il faut bien prendre garde de confondre la syllabe Ker [hiéroglyphe] avec le syllabique [hiéroglyphe] dont la valeur est χer. Les graveurs égyptiens eux-mêmes ont souvent commis la faute que nous signalons.

l'idée d'interrogation; dans ce sens, il sert à écrire le pronom interrogatif [hiéroglyphes] ten (forme pleine [hiéroglyphes] tennu) quis? quantus (comparez le copte ΤШΝ ubi?) ce type ten a aussi d'autres acceptions

t,7 [signe] l'anneau, dans le sens de l'unité de poids, se prononçait [hiéroglyphes] ten; cette valeur doit probablement aussi fournir la lecture du groupe [hiéroglyphes], cependant la preuve n'est pas tout-à-fait suffisante.[1]

t,8 [signe] tar. La pousse, symbole de la saison et de l'année, variantes [signes], se lisait [hiéroglyphes] tar; ce mot signifie temps, mais ainsi que nous l'avons déjà fait remarquer, la syllabe ainsi composée [hiéroglyphes] tar s'employait dans toutes sortes de mots.

t,9 [signe] tes. On voit des objets sacrés portés sur une sorte de coussin qui reproduit exactement le profil de [signe]; mais, dans d'autres figures, le même signe semble être une ceinture avec nœud ou fermoir[2], une varian

---

(1) La figure du vieillard [hiéroglyphe] penché sur son bâton peut être mentionnée ici: elle correspond à la syllabe [hiéroglyphe] ten dans le sens de terminer, finir &c (en copte ΤΗΝΕ terminus).

(2) L'habitude qu'avaient les égyptiens de donner à leurs ustensiles des formes symboliques ou en rapport avec leurs noms rend souvent difficile la recherche de la première nature d'un signe hiéroglyphique.

ressemble à un ornement de diadème. La syllabe tes ainsi écrite ou s'emploie pour le verbe tes porter, pour une ceinture ou bandelette (copte ⲦⲞⲒⲤ fascia) et pour beaucoup d'autres mots.

, tes Le pied de la balance sert à écrire tes dans le sens de lever, soulever &c (comparez les mots coptes ⲐⲞⲨⲤ vertex, ϪⲒⲤⲈ elevare).

taḥ. La jambe et le couteau; c'est-à-dire, le mouvement et la violence; la réunion de ces deux symboles sert de déterminatif à divers mots, mais elle correspond particulièrement au verbe taḥ, transgresser, violer et s'emparer violemment (comparez ⲦⲀϨⲞ apprehendere, ⲦⲀϨⲈ venator)

un doigt; dans l'ancien empire, il est dessiné de diverses façons &c teb est le nom du doigt, (en copte ⲦⲈⲂ); de là se tirent divers mots, tels que teb 10,000 (le copte ⲦⲂⲀ myrias).

Langue ou dent: il est usité pour la syllabe teb sur des monuments très-anciens.

variantes , , , objet inconnu très-usité pour la valeur teb. Le radical teb, ainsi écrit, répond ordinairement au thème copte ⲦⲎⲎⲂⲈ retribuere

teb. La huppe figure surtout dans le nom de la brique teb (en copte ⲦⲰⲂⲈ).

Le bandeau possède la valeur tep: en copte, ⲦⲈⲠ signifie gustare. Le groupe se trouve dans ce même sens.

t,6 tat. Ce signe reproduit un des emblèmes les plus vénérés des égyptiens: il me parait symboliser le repos divin, ou l'état de stabilité parfaite, but final de l'âme et analogue au plerôme des gnostiques.(1) Le manuscrit démotique enrichi de transcriptions grecques, qui appartient au musée de Leyde, transcrit le par tat. Les variantes montrent en effet tutu ou tet. L'inscription de Rosette traduit ce mot par l'idée de Stabilité.

t,7 Le glaive prend la valeur ten comme symbole des idées de séparer, distinguer; d'où, annoncer, proclamer. (Comparez le copte ⲦⲀⲨⲞ Ostendere &c)

t,8 Ce groupe paraît composé de l'anneau servant de sceau et de deux bouts de ruban réunis sous le sceau pour fermer le volume. Il a aussi la valeur ten mais dans un sens entièrement opposé au précédent, il correspond au copte ⲦⲰⲘ conjungere, claudere. On trouve diverses variantes telles que , , . Cependant cette dernière a une valeur particulière. (Voyez la syllabe χeb). Ce radical se présente ordinairement dans les textes sous une forme plus développée !

---

(1) Champollion et quelques uns de ses successeurs croient reconnaître dans le tat un nilomètre; il me semble figurer un autel ou quatre tables superposées, ou une sorte de pied supportant quatre dessus de porte.

ṭemeṭ, variante plus ancienne ṭemeṭ. notre caractère indique la somme, dans l'addition.

9 . Les deux cornes de bouc ou de bélier, réunies sur un support. Ce signe a le même sens et la même valeur que le précédent. Variantes de formes , , . Son emploi est plus fréquent aux époques récentes. (Eviter la confusion avec cornes de bœuf, valant ⲁⲡ).

10 ten. On trouve le groupe pour la syllabe ten ; tennu est un nom de fonction dont les variantes paraissent indiquer cette lecture.

11 , Le demi-cartouche ou le signe [1] correspondent au radical tena, partie, partager, empêcher. C'est aussi une mesure pour les grains.

12 Le pieu figure avec la valeur ṭes dans les plus anciennes inscriptions. Je pense que le sens du radical est aigu, pointu.

13 Le glaive est aussi employé pour la valeur ṭes par suite des mêmes idées.

1. Une sorte de sarcelle remplace la syllabe ṭaf dont le sens principal est moissons, provisions et richesses en général. (Le radical antique me paraît rappelé dans les mots coptes ϫⲉϥ debitum, ϫⲓϥ avarus).

2 ṭeb. L'orthographe ṭeb est une variante antique de la valeur ṭeb notée ci-dessus (v. ṭ 1) pour le doigt.

---

(1) peut être l'abrégé de , cependant il est tracé dans un autre sens.

ṫ,3 [hieroglyph] La langue de bœuf sert surtout à écrire le mot [hieroglyph] ṫaṫ, parler (copte ϫⲉ, ϫⲓⲥ, ϫⲟⲧ), variantes [hieroglyphs]. Il varie aussi quelquefois avec [hieroglyph], mais je ne crois pas cette variante régulière, la vraie valeur de [hieroglyph] étant χeru dans le sens de voix (vide χer).

ṫ,4 [hieroglyphs] Objet inconnu qui varie avec la langue de bœuf [hieroglyph] pour écrire le mot [hieroglyph] ṫeṫ parler, paroles.

ṫ,5 [hieroglyph] Ce signe remplace le mot [hieroglyph] ṫeṫ dans la formule [hieroglyph] pour [hieroglyph] kiṫeṫ autrement dit.[1] On le trouve dans quelques autres mots; peut-être n'est-ce qu'un abrégé du suivant dont la valeur est toute voisine.

ṫ,6 [hieroglyphs]. Les abréviations de divers caractères peuvent être confondues dans ce tracé : c'est ainsi que [hieroglyph] ḥesep district, nôme s'abrége en [hieroglyphs] : mais, avec la valeur [hieroglyphs] ṫaṫa ou ṫeṫ, j'ai toujours trouvé le tracé [hieroglyphs]. ṫeṫ est surtout employé dans le sens de tête et princes; en copte, ϫⲱϫ a les mêmes sens.

ṫ,7 [hieroglyph] ṫer. Le type ancien paraît être un faisceau de tiges liées ensemble; les variantes [hieroglyphs] s'en écartent peu, mais, dans de mauvais tracés, on pourrait quelquefois confondre [hieroglyph] ṫer très aplati, avec [hieroglyph] men. [hieroglyph] ṫer, entre autres usages, répond au copte ⲧⲏⲣ omnis, totus.

---

(1) Formule qui indique ordinairement les variantes insérées dans les textes par les copistes égyptiens.

m,1 , , : Le phallus est employé avec la valeur phonétique met dans une grande quantité de mots. Son choix paraît souvent intentionnel; il est cependant plusieurs cas où sa valeur semble purement phonétique, particulièrement dans le composé χemet dont une des acceptions est le nombre trois sic: . (en copte ϣⲟⲙⲧ).

m,2 , variante antique , paraît figurer le damier garni de ses pièces. Sa valeur men est extrêmement usitée, et dans toutes sortes de mots. La même syllabe a d'autres représentants, mais chacun d'eux est d'un usage bien plus restreint; voici les principaux.

m,3 L'obélisque se trouve dès l'origine avec le phonétique men. On le rencontre en variante de , même dans le premier cartouche de Tutmes III.

m,4,5 L'avant-bras[1] et le tibia recevaient tous deux également le nom de men; ils se rencontrent parmi les variantes de cette syllabe. L'avant-bras avait aussi le nom plus développé remen, qui se trouve dans le nom du décan remen-her, transcrit dans la liste grecque par Ρεμενάρ.

---

(1) Les idées du bras et du coté sont rendues généralement, non par le bras humain lui même , mais par la patte d'un oiseau couché, ou . Le bras sert plutôt à écrire le mot met coudée.

m,6 La montagne ordinairement lue tu, répondait aussi aux valeurs men et ment dans le sens de montagne : lui sert de variante avec le même son. Les deux chaînes lybique et arabique, qui bordent la vallée du Nil sont indiquées souvent par ou men-ti. Des variantes très nombreuses sont employées par les scribes égyptiens pour indiquer ces deux limites du pays, à l'est et à l'ouest ; ainsi on trouve les deux pierres , les deux yeux , et les jambes ou les bras qui deviennent ainsi autant d'expressions de la syllabe men dans le sens de montagne et côté, direction. (1)

m,7 , . La houe se lit mer ; le premier sens paraît être cultiver ; il est très-usité pour meri aimer

---

(1) Mr. Dümichen a récemment appelé l'attention sur diverses autres homophones de la syllabe men, (voyez la Zeitschrift &c août 1866 et numéros suivants) dont l'usage est plus restreint encore. ce sont 1° , , le pilon sur un mortier, déterminatif de la syllabe men dans le sens de fermeté, stabilité. 2° L'abeille qui sert à écrire men dans le nom du lit funèbre. . 3° le lit lui-même qui détermine les idées de station, repos, arrivée, rendues surtout par le mot mena (copte ⲙⲟⲛⲏ mansio, portus &a.) 4° Le taureau qui répond à men et à la forme redoublée menmen dans le sens de bestiaux et aussi de générateur. 5° Les trois vases dans quelques mots tels que men monument, hommage et men nom de la région funéraire.

m, 8 [hieroglyphe], [hieroglyphe]. Un bassin, varie avec le précédent ou le redouble dans le groupe [hieroglyphe]. Le premier sens de ce bassin était ici l'arrosement (comp. copte ⲙⲏⲣⲉ inundatio).

m, 9 [hieroglyphe] [hieroglyphe], Le méandre était le symbole de la même idée de culture arrosée ; on le trouve surtout dans un des noms de l'Egypte [hieroglyphes] ta-mer ou le pays arrosé par excellence.

m, 10 [hieroglyphe] Le bandeau reçoit la valeur mer, évidemment à cause du radical mer attacher (copte s. ⲙ̄ⲣ). [hieroglyphe] mer indique ordinairement un emploi, un commandement ; mais dans une acception purement phonétique on trouve par exemple [hieroglyphes] mer, mourir.

m, 11 [hieroglyphe] sorte d'instrument perforant, il prend la valeur mer,(1) particulièrement dans [hieroglyphes] mer douleur, et dans le titre assez fréquent [hieroglyphes] semer du roi (ami ou compagnon ?)

m, 12 [hieroglyphe] mes sorte de nœud qui paraît quelquefois composé de fleurs [hieroglyphe] (le copte ⲙⲟⲩⲥ lorum a un sens très voisin), son principal emploi est dans le radical [hieroglyphes] mes (copte ⲙⲓⲥⲉ) gignere.

m, 13 [hieroglyphe] prend la valeur mes et par extension [hieroglyphes] mesen dans les noms mystiques d'Edfou.

m, 14 [hieroglyphe] Cette forme qui vaut meh est en rapport avec la ceinture (en copte ⲙⲟϩⲉ cingulum). La syllabe meh ainsi écrite [hieroglyphe] ou [hieroglyphe] sert dans

---

(1) Comparez les variantes [hieroglyphes] et [hieroglyphes] : papyrus Sallier II, 15, 1, Anastasi VII 128, 1.

beaucoup de mots tels que le radical meh implere; meh être maître, posséder; meh particule des nombres ordinaux &c.

m, 15 Un nid, (en copte ⲙⲁϩ nidus); il est aussi employé, mais bien plus rarement, pour la syllabe meh.

n, 1 , La coupe ou corbeille de cette forme se lit neb. Elle est très-usitée dans neb seigneur (copte ⲛⲏⲃ); neb tout (copte ⲛⲓⲃⲉⲛ) &c.

n, 2 , , neb. Collier ou corbeille de même forme; il sert surtout à écrire le nom de l'or neb (en copte ⲛⲟⲩⲃ aurum).

n, 3 Un nageur et de l'eau, neb, signifie nager (copte ⲛⲉⲉⲃⲉ). La pose du nageur varie et l'on trouve le bassin à la place de ; il sert aussi pour la syllabe neb.

n, 4 . Il nous semble voir dans ce signe deux arcs liés ensemble; quelque soit l'objet ainsi figuré, il se lit net , et sert surtout à écrire le nom de la déesse de Saïs, Neith. Il se pose aussi debout , .

n, 5 , , , sorte de marteau: il correspond au thème net forme pleine ant. Il est transcrit exactement par ond, ant, end dans les noms gréco-égyptiens orondotes, arendotes, orontotes qui correspondent à Hor-ant-atef, Horus vengeur de son père. Vengeur est un second sens du thème ant qui se prend surtout pour rendre hommage. On trouve aussi employé pour net [hiéroglyphe] broyer, moudre (le copte ⲚⲞϮ molere) qui est probablement l'origine de la valeur net.

n,6 [hiéroglyphes] Dans certains exemples plus détaillés, on voit que ce signe est composé avec une [hiéroglyphe] [hiéroglyphe] peau de panthère sur un support. La peau se disait [hiéroglyphes] anem (copte ⲀⲚⲞⲘ pellis) La valeur nem vient sans doute de ce mot en supprimant l'a initial.

n,7 [hiéroglyphe] La jambe de bœuf vaut également nem, [hiéroglyphes], elle se prend surtout dans le sens de second, une seconde fois, réitérer.[1] Variantes [hiéroglyphes] et [hiéroglyphe], avec l'addition de × signe de l'action multipliée.

n,8 [hiéroglyphes], sorte de gousse. Elle se rencontre quelquefois, en variante des précédents, pour la syllabe nem.

n,9 [hiéroglyphes] La cruche est employée pour la valeur [hiéroglyphes] num, d'abord dans le sens de l'eau: mais on trouve aussi un radical [hiéroglyphes] num qui paraît signifier joindre et combler. Le nom du dieu Cnouphis était anciennement écrit [hiéroglyphes] num, la variante [hiéroglyphes] χnum est une prononciation plus récente.

n,10 [hiéroglyphe] nen. Deux pousses de plante; il semble qu'on ait voulu en faire un type de ressemblance, d'où [hiéroglyphes] senen image. La dualité est de l'essence de ce caractère: on

---

(1) Comparez l'Hébreu פעמים gressūs, vices.

trouve aussi ⲧⲧ qui paraît moins régulier: la forme pleine ⲧⲧ est assez fréquente. Il varie avec nenu ou même avec seul.

n, 11 L'enfant correspond également à nen; c'est une de ses nombreuses valeurs, elle est assez rarement employée.

n, 12 Le signe de la négation se trouve pour nen dans quelques noms mystiques.(1)

n, 13 La tête de vautour et plus rarement le vautour lui-même, sont employés pour la syllabe nar ou nerau; en copte ⲛⲟⲩⲣⲉ est le nom du vautour. nerau est pris dans la langue antique, dans le sens de victoire et pour un des noms des hommes.

n, 14 Le bandeau nas. Le nom de cet ornement peut être rapproché du copte ⲛⲉⲥⲉ pulcher: il sert à écrire la syllabe nas dans des mots tels que nas langue, en copte ⲗⲁⲥ, et la particule nas se rapportant à.

n, 15 Divers types d'oiseaux de proie, vautours, gypaètes ou aigles à aigrettes représentent la syllabe neh. Un caractère commun à toutes ces variantes et qui n'est que rarement omis, c'est l'appendice au cou

(1) La syllabe nen est encore écrite avec une déesse debout versant de ses deux mains le signe ~~~~, eau. et lettre n. Ce mot nen paraît signifier répandre des bienfaits. (comparez copte ⲛⲁⲛⲉ bonus).

de l'oiseau, qui a probablement pour but de rappeler le mot nahab, en copte ⲛⲁϩⲃⲉ, collum, d'où est tirée la valeur neh, suivant toute apparence.

n, 17 Le poteau varie avec ces oiseaux pour la syllabe neh, on l'observe dans le mot pour nehsi nègre.

r, 1 La jambe se lit ordinairement ret, en copte ⲣⲁⲧ pes; elle figure pour cette valeur dans divers mots composés avec .(1)

r, 2 L'instrument , inconnu dans sa destination, répond à la syllabe ret avec toutes les nuances de la dentale; car on trouve rut, rut et ret. Les formes de ce signe sont extrêmement variées dans l'ancien style.

r, 3 Une sorte de rave équivaut à ret, dont le premier sens est celui du copte ⲣⲱⲧ oriri, producere. La forme de la racine varie beaucoup &ca.

r, 4 rer. C'est une des valeurs phonétiques de l'anneau de métal. Le verbe rer signifie, au sens propre, circuler, faire le tour, entourer. rer sert aussi phonétiquement, par exemple dans serer, tracer l'écriture.

r, 5 Le pied de la balance sert à écrire la

poteau de garde
piquet

(1) Pour cette syllabe et avec les mêmes nuances de sens, le pied est quelquefois remplacé par l'escalier, pour lequel on trouve la prononciation rat.

syllabe res, dont le sens le plus habituel est le copte ρнс vigilare : on lui ajoute alors ordinairement l'œil humain ou .

r, 6 Le pluvier, soit au repos , soit les ailes déployées, ou , répond à la syllabe rex. On lui ajuste quelquefois des mains humaines, levées en signe d'adoration , quand le mot s'applique aux hommes ou à certaines âmes.

S, 1 81 — ★ L'étoile se nommait en égyptien seb (en copte ϲιογ); elle conserve cette valeur dans plusieurs mots tels que seb porte (en copte ϲⲃⲉ).

S, 2 Le chacal se nommait sab et sert à écrire cette syllabe (comparez les mots coptes ϲⲃⲉ dolus et ϲⲁⲃⲉ sapiens).

S, 3, 4 Un croissant et qui semble être le même ou peut-être une lèvre humaine, ont pour valeur sep (Comparez le copte ϲποτογ lèvre). Phonétiquement, on trouve les signes et dans seper prier, se plaindre (copte ϲοπϲ prière); seper approcher arriver (copte ϲφιρ latus).

S, 56 ◎, ◎, ◎. Un anneau ou un disque, dans lequel on inscrit quelquefois un nombre, exprime l'idée de vices fois, en copte ϲοπ. Il est pris phonétiquement pour divers mots tels que sep action, et spécialement quand il est seul, bonnes actions, vertus, ou sort, fortune.

C'est le mille-pie

,7 Je ne vois pas ce que représente ce caractère dont il existe néanmoins de très nombreuses variantes telles que , , , : (son abréviation se confond quelquefois avec signe des choses divisées). Il est employé surtout dans un des surnoms les plus anciens et les plus vénérés d'Osiris sep.(1)

,8 Le bras avec la main tournée en dessous a aussi la valeur sep. C'est le signe qui indique le reste dans la soustraction, c'est pourquoi il correspond au copte ⲤⲈⲠⲒ reliquus.

,9 Une patte de lion ou de chat ainsi que diverses formes de griffes, ou d'un instrument inconnu,

,10 servent également à écrire la syllabe sek. Le mot signifie saisir, piller, ravager saccager; il s'emploie aussi pour pincer de la harpe. La hache de combat prend quelquefois la même valeur sek; mais plus ordinairement elle suit le phonétique en déterminatif.

5,11 Le crocodile, symbole de destruction, est également employé pour ce thème sek qui est très riche en significations variées.

5,12 , . La palme a fréquemment la valeur sek, une des barques solaires se nommait sekti.

---

(1) On trouve aussi, dans ce sens, la variante pour sep, comme abrégé de la valeur hesep qui appartient au signe .

S, 13 Le nœud de corde, avec diverses appendices, est une variante fréquente du précédent.

S, 14, 15 La flèche, dont le nom est sati (copte COTE sagitta), se combine avec divers autres emblèmes pour écrire la syllabe set : avec la peau (probablement à cause de CAT cauda), le mot set signifie lancer, trait, rayons, fécondation;(1) se combine aussi avec un lacs pour la même valeur.

S, 16 Le nœud passé dans un cable exprime l'idée de remorquer, conduire : il correspondait à la syllabe stau. Les variantes de formes sont très nombreuses. Voici les principales, et la forme antique.

S, 17 Un oiseau, la tête passée dans un cercle : c'est tantôt une oie, tantôt un autre palmipède ; variantes. Le phonétique de ce signe est sat ; il varie quelquefois avec l'oiseau particulier ou qui sert à écrire le mot setet, variante sta, trembler (en copte CTOT).

S, 18 L'oreille a la valeur set, dans l'orthographe pour setem écouter (en copte CWTM) et pour stim, stibium (C. CTHM).

S, 19 L'homme, dans cette attitude, lave ou prépare quelque ingrédient dans une cuve : le vase

(1) Ces mots ont tous conservé leurs correspondants coptes dans les dérivés du radical CET projicere, seminare.

qui lui verse l'eau est quelquefois omis. L'action ainsi exprimée se rendait par la syllabe set [hieroglyph].

S,20 [hieroglyph] sem. Le sens ordinaire de cette syllabe ainsi écrite est réunir (c'est le radical sama ἅμα). L'instrument paraît une sorte de théorbe.

S,21 [hieroglyph] Le type paraît être la pierre à aiguiser du boucher, analogue à celle de nos faucheurs. Par le dessin, il arrive quelquefois à se confondre avec le sabre [hieroglyph] ou le phallus [hieroglyph]; ses combinaisons graphiques avec ses compléments sont très nombreuses: [hieroglyphs], avec les jambes, symbole de mouvement, constitue un thème très-usité, dont une des acceptions est disposer, ordonner. Il indique aussi une image (comp. sim-ilis.)

S,22 [hieroglyph] Les trois feuilles de roseau ont quelquefois la valeur sem et prennent probablement cette valeur de sem herbe (copte ⲥⲓⲙ). Souvent alors on les place sur un socle [hieroglyph] qui rappelle le syllabique [hieroglyph] sem, pour distinguer mieux cette valeur de celles qui étaient ordinairement affectées à [hieroglyph] ou [hieroglyph] (voyez ah et sex).

S,23 [hieroglyph] [hieroglyph] sem. Le signe des choses divisées, menues, en brins; il se prend souvent pour sem surtout dans le mot [hieroglyphs] sem (en copte ⲥⲓⲙ) herbe, foin.

S,24 [hieroglyph] L'oreille se retrouve avec la valeur sem et comme variante de [hieroglyph] (S. N° 21): on trouve en effet en copte ⲥⲙⲏ auditus, vox.

S,25 sem. La valeur du groupe a été controversée; mais de nombreuses variantes recueillies dans les rituels fournissent le premier complément s dans un des noms de l'or sem. Un des emplois les plus fréquents de cette syllabe est le thème sem qui désigne l'état de vétusté, la ruine des édifices dont la réparation est ordonnée.

S,26 variante sen. Je ne sais pas ce qu'il représente, mais sans doute un objet habituellement employé par couple. C'est le signe usité pour sen, en copte ⲥⲟⲛ, frère. C'est encore le nom des mâts de décoration, placés par paires devant les pylônes. Il sert aussi à écrire le nombre deux, en copte ⲥⲛⲁⲩ.

S,27 Ce signe, qui vaut sen, est peut-être le même que le pain long nommé sennu — et sur lequel on voit quelquefois la trace des doigts. sen signifie passer: (en copte ⲥⲛ̄, ⲥⲓⲛⲓ transire.)

S,28 Le nez du veau revient ici avec la lecture sen dans le sens de respirer, sentir. L'expression sen-ta sentir la terre, pour se prosterner, est très fréquente.

S,29 Le bras tenant, tantôt un épi, tantôt des attributs de la forme ou , quelquefois même les deux mains réunies . Ces

signes ont ordinairement la valeur ser (1).
L'adjectif [hiéroglyphe] ser signifie sacré, vénérable.
Le verbe ser répond quelquefois au copte cωp distribuere &.

5,30 [girafe] La girafe à la même valeur [hiéroglyphe] ser. Je ne sais pas si ce choix implique quelque idée symbolique. Il est possible que la girafe ait suggéré l'idée de longueur ou de grandeur. Il peut y avoir connexité entre ce type et le mot [hiéroglyphe] ser prince, grand; valeur que j'enregistre ici comme une prononciation qui convient fréquemment au personnage tenant le long bâton des chefs.(2)

5,31 X La croix en sautoir, symbole de l'idée des mouvements croisés ou multipliés, remplace la syllabe [hiéroglyphe] seš dans [hiéroglyphe] égal à [hiéroglyphe] seš passer, traverser, et dans [hiéroglyphe] seš ouvrir une porte(3)

---

(1) Les variantes prouvent que le même signe répondait aussi quelquefois, seul et par extension, à taser écrits ordinairement [hiéroglyphe].

(2) C'est l'hébreu שר dux, princeps.

(3) La syllabe [hiéroglyphe] sex est fréquente dans les noms de lieux; elle y est rendue par [hiéroglyphe] qui correspond à [hiéroglyphe] sex-t champ, (en copte τ-cωϣe ager). C'est ainsi que le nom des Champs Elysées [hiéroglyphe] doit se prononcer sexe-t aaru. Mais je n'ai pas encore rencontré la valeur sex pour [hiéroglyphe], en dehors de l'idée de champ.

5,32 Sāḥ. Le radical sāḥ avait un domaine très étendu; il était écrit par divers symboles qui devaient avoir leurs nuances spéciales, mais qui néanmoins s'échangeaient ou se combinaient fréquemment entre eux. Le premier, la gazelle, paraît surtout impliquer une idée de distinction ou d'honneur. Sāḥu était un titre éminent. La gazelle se combinait avec les suivants , &c.(1)

5,33 Le fermoir de collier répond à sāḥ dans le sens du copte ⲥⲟⲟⲩϩ colligere, congregare, mais il se prend aussi dans le sens honorifique; il varie alors avec , chaîne (d'or) avec fermoir ou sceau, ayant la même valeur sāḥ ou sāḥu.(2)

5,34 , . Deux ciseaux réunis sur un support d'honneur, ou quelquefois le ciseau seul, répondent à la même syllabe et servent à écrire divers dérivés du thème sāḥ.(3)

5,35 L'idée de rassembler, réunir, paraît indiquée par le choix de la corbeille de fruits , , , pour la même syllabe saḥ. est une variante pour le nom de la principale constellation du

---

(1) J'ai remarqué un cerf, sur un sarcophage de basse époque, au lieu de la gazelle.

(2) La momie debout varie quelquefois avec ; en effet, le terme honorifique sāḥu convenait aussi aux défunts justifiés.

(3) Je réunis à ce type les variantes antiques , , , qui peut-être néanmoins représentent un objet différent, tel qu'une clef et qui se lisent également sāḥ.

ciel égyptien qui s'écrit ordinairement [hiéroglyphe]* sahu (le groupe d'Orion).

S, 36 [hiéroglyphe] La partie supérieure d'une salle soutenue par une colonne. La valeur [hiéroglyphe] seḥ est peut-être prise aussi de l'idée d'assemblée; un des sens du thème égyptien écrit avec [hiéroglyphe] me paraît être la science, la sagesse.

S, 37 [hiéroglyphe] Un oiseau de cette forme répond également à la valeur phonétique [hiéroglyphe] seḥ; il avait probablement un symbolisme spécial, qui n'est pas défini.

Š, 1 [hiéroglyphe] Le devant du bélier répond à la syllabe [hiéroglyphe] šef, dont les divers sens paraissent comprendre l'amour et la crainte (comparez le copte ϣⲁϥⲉ timescere, ϣⲱϥ vastare, destruere.)

Š, 2 [hiéroglyphe] Objet inconnu; il répond à la syllabe [hiéroglyphe] šep dont le sens est ordinairement le copte ϣⲉⲡ capere.

Š, 3 [hiéroglyphe], [hiéroglyphe] La main, un peu plus ouverte que pour la lettre [hiéroglyphe] et recourbée comme pour recevoir un objet remplace le signe [hiéroglyphe] pour le mot [hiéroglyphe] šep prendre.

Š, 4 [hiéroglyphe]. Les quatre doigts de la main ainsi posée et le croissant [hiéroglyphe] ou [hiéroglyphe] indiquent la valeur du palme dans les mesures. Le copte ϣⲟⲡ palmus mène à la lecture, šep.

Š, 5 [hiéroglyphe] (sorte de ceinture?). Les variantes lui assignent la valeur [hiéroglyphe] šet. Il sert à écrire une grande quantité de mots qui se rapportent à des thèmes en apparence fort différents, tels que [hiéroglyphes] šeti fossé, canal (en copte ϣⲉⲧ, ϣⲟⲧⲉ) [hiéroglyphes] šet prononcer &c.a

Š,7 [hiéroglyphe] šen. La corde ployée paraît donner le sens le plus simple du radical šen, replier, retourner, dont le domaine est très-vaste. Ce caractère se combine avec le suivant sous la forme [hiéroglyphe]; c'est une variante de la même valeur.

Š,8 [hiéroglyphe] L'anneau exprime ici la même idée et la même syllabe que [hiéroglyphe] šen. Le cartouche [hiéroglyphe] n'est qu'une variante elliptique du même symbole; il est remarquable que ce soit l'ellipse [hiéroglyphes] šennu qui signifie l'Orbite des astres. Le même mot est aussi quelquefois rendu par l'anneau [hiéroglyphe] qui, dans ce sens, devient un symbole du temps.(1)

Š,9 La syllabe šen se trouve encore écrite par un oiseau [hiéroglyphe] qui me paraît être le pélican,(2) mais cet emploi est rare

Š,10 [hiéroglyphe], [hiéroglyphe]. Le petit oiseau est pris quelquefois pour la syllabe šer [hiéroglyphe], dans le sens de petit, jeune et aussi vil, méprisable.

Š,11 [hiéroglyphe] L'enfant qui est exprimé également par la

---

(1) La même idée de repli est indiquée par la boucle de cheveux [hiéroglyphe] dont le nom est šen [hiéroglyphes] ou [hiéroglyphes] šennu : aussi [hiéroglyphe] s'écrit-il quelquefois seul pour la valeur šen.

(2) On connait aussi une espèce de Grue dont le nom s'écrit [hiéroglyphes] šenšen.

syllabe ⟨hiéroglyphe⟩ šer (en copte ϣⲉⲣⲉ filius), remplace aussi quelquefois le petit oiseau pour la syllabe šer.

Š, 12 ⟨hiéroglyphe⟩ šes. Cette valeur est rendue certaine par les compléments ⟨hiéroglyphes⟩ šs. Le mot répond ordinairement au copte ϣⲉⲙϣⲉ servire. La voyelle s'est nasalisée et le s est devenu ϣ. Dans quelques variantes, le caractère ⟨hiéroglyphe⟩ se compose visiblement des jambes d'un homme sortant de sa courte tunique, ce qui donne lieu de croire que le premier sens est suivre, accompagner.

X, 1 82 — ⟨hiéroglyphe⟩. L'abeille a pour phonétique ⟨hiéroglyphes⟩ χeb dans le nom du roi de la Basse-Egypte et dans quelques autres mots. Le copte ϩⲁϥⲓⲟⲩⲓ (pluriel) vespæ donne à penser que l'insecte pourrait être une guêpe; il s'échange avec le suivant.

X, 2 ⟨hiéroglyphe⟩ Une touffe de papyrus avait la même prononciation, χeb, comme symbole de la Basse-Egypte. (On en rapproche le copte ϩⲟⲃⲉ humilis, depressus).(1)

X, 3 ⟨hiéroglyphe⟩ χep. Le scarabée, type de l'existence et, au sens causatif, de la génération, correspond à ce titre au thème ⟨hiéroglyphes⟩ χep, forme pleine ⟨hiéroglyphes⟩ χeper; c'est un radical qui s'est conservé dans le copte ϣⲱⲡ esse, nasci.

---

(1) La charrue ⟨hiéroglyphe⟩ et le hoyau ⟨hiéroglyphe⟩ viennent aussi quelquefois s'adjoindre aux syllabiques χeb, en vertu des verbes ⟨hiéroglyphes⟩ χeb et ⟨hiéroglyphes⟩ χebes qui signifient labourer.

X,4 Le morceau de bois sec équivant à χet. (comparez le copte ϣⲟⲧ durus). Il figure fréquemment dans le thème χet être près, où il reçoit quelquefois pour variante l'escalier. Il s'emploie aussi avec préférence pour écrire neχt, force, victoire (comparez ⲛⲁϣⲧ durus, vehemens).

X,5 La négation remplace ou double la syllabe χem qui est une de ses expressions.

X,6 Le sceptre de cette forme répond au mot χem, dans le sens de posséder, être maître, prévaloir (comp. le copte ϣⲟⲩ, dans l'acception eminens, excellens).

X,7 paraît un verrou; il a la valeur dans diverses variantes. Peut-être signifiait-il fermer, prohiber; il sert à écrire le nom du dieu à forme ithyphallique.

X,8 la poitrine et les bras d'un homme tenant un gouvernail; sa valeur χen vient évidemment du thème χenen, naviguer, nautonnier.

X,9 , (Bouc ?) décapité. Sa valeur χen vient peut-être du mot χen écrit de diverses façons et signifiant retrancher, moins;(1) il varie souvent avec le précédent et le suivant pour la syllabe χen.

(1) On trouve, dans ce sens, ou χen, indiquant une quantité à retrancher d'une somme; comparez le copte ϣⲟⲟⲛⲉ excludere.

X,10 Le vase prend la valeur xen, comme exprimant l'idée dans, dedans, intérieur, (copte ϧεn in intus): on ajoute souvent signe des lieux: ou xen, in.

X,11 xen. Le type figure un oiseau qui s'abat, qui arrive. Le thème xen ainsi écrit, avait beaucoup d'acceptions difficiles à préciser; il signifie un arrêt, une pause, un motif, et puis un événement, une chose; la forme composée s-xen, écrite aussi est l'accident, casus. (Comparez le copte ϣεn dans le sens d'évènement, nouvelles).

X,12, variantes et autres formes analogues, se trouve aussi pour la syllabe xen. Il paraît désigner une sorte de lieu ou de région...

X,13 Je ne sais ce que représente ce signe qui, dans les bas temps, fût employé pour la lettre m: dans le style antique, il avait la valeur xen; on le remarque surtout dans le thème xena qui signifie renfermer, séparer: c'est le nom des femmes du harem.

X,14, le nez de veau remplace le précédent ou se groupe avec lui dans le même sens; sa valeur xen se relie à la valeur xent qu'il a très fréquemment et qui s'écrit par ou seul.

X,15 L'enfant reçoit aussi la valeur xen, forme augmentée xenen. Cette valeur se réduit à xe par suppression de l'n, c'est ainsi qu'on trouve également xe.

X,16 [hieroglyph], [hieroglyph] <u>χer</u>. Ce signe est quelquefois confondu par les graveurs égyptiens avec [hieroglyph] <u>k</u>. L'écriture hiératique le distingue soigneusement ([hieratic] et [hieratic], style de la dix-neuvième dynastie). [hieroglyph] <u>χer</u>, comme particule, répond au copte ϩⲁⲣⲟ, sub, apud &a. Il est aussi employé dans un petit nombre de mots, tels que [hieroglyphs] <u>χerau</u> combattre (comparez le copte ϩⲉⲗϩⲟⲗ occidere, cornupetere).

X,17 [hieroglyph] <u>χer</u> paraît être une rame; ses emplois les plus fréquents avec la valeur <u>χer</u> sont les mots [hieroglyphs] <u>χerau</u>, (copte ϩⲣⲱⲟⲩ) voix, cri &c et [hieroglyphs] <u>χeru</u> ennemi.

h,1 [hieroglyph] <u>heb</u>. La charrue (en copte ϩⲉⲃⲓ, ϩ̄ⲃⲃⲉ,) remplace la syllabe [hieroglyphs] <u>heb</u>; exemple [hieroglyphs] <u>heben</u>, ebenus.

h,2 [hieroglyph], [hieroglyph] abrégé de [hieroglyph] et de diverses autres formes de coffres et dessus de coffres, a quelquefois la valeur de [hieroglyphs] <u>hen</u>; ce mot signifiait coffret, boîte; on le trouve aussi appliqué à la tête.

ḥ,1 [hieroglyph] La corbeille, avec le petit carré au milieu, variantes [hieroglyph] et [hieroglyph] paraît être le type des fêtes, des assemblées; sa valeur la plus ordinaire est <u>ḥeb</u>, [hieroglyphs]. On lui superpose diverses figures de salles pour indiquer les panégyries et fêtes publiques, [hieroglyph], [hieroglyph] &c (1) (comparez le copte ϩⲱⲓⲃ negotium)

ḥ,2 [hieroglyph], [hieroglyph], [hieroglyph], [hieroglyph]. L'angle d'un mur, une sorte de bastion, répond à la syllabe <u>ḥap</u>. C'est peut-être en raison

---

(1) La forme [hieroglyph] <u>ḥeb</u> abrégée des précédentes, arrive, par le dessin, à se confondre avec l'expression [hieroglyph] <u>χer ḥeb</u> qui est un titre de fonctionnaire (odiste)

au sens de cacher, couvrir que possède le thème hăp (copte ϩⲱⲡ occultare). Il sert notamment à écrire le nom d'Apis forme pleine hapi.

ḥ,3 . L'oie du Nil remplace aussi la syllabe ḥap notamment dans le nom du génie funéraire ḥapi, écrit quelquefois pour . L'oie s'ajoute aussi souvent au nom du taureau Apis, sic: .

ḥ,4 La rame reçoit aussi quelquefois la valeur ḥap, outre celle que nous avons signalée ci-dessus (V. χ. 17).

ḥ,5 ḥek. Le sceptre désigne le gouvernement en général, il est probablement emprunté à la vie pastorale. Le mot ou ḥek, ḥak signifie gouverneur, et souverain.

ḥ,6 . Le derrière du lion se trouve aussi avec la valeur ḥek, dans divers mots; il varie avec la syllabe ainsi écrite .

ḥ,7 Cet emblême paraît ressembler à la massue du guerrier: il était en tout cas, le symbole de l'éclat et de la blancheur. On trouve pour second complément toutes les nuances de la dentale ḥet, ḥet et ḥet.

ḥ,8 , , , ḥem est la valeur la plus ordinaire du creux (rempli d'eau dans quelques dessins). Très usité dans divers mots tels que neḥem (copte ⲛⲟϩⲉⲙ) sauver, enlever et ḥem.t copte ϩⲓⲙⲉ femme. Cette dernière acception a produit, aux basses époques, le tracé [hieroglyph] [hieroglyph] qui n'est pas celui des monuments pharaoniques.

h, 9 [hieroglyph] Un gouvernail représente la valeur [hieroglyph] hem, dans le sens du copte ϩⲉⲙⲓ regere.

h, 10 [hieroglyph] hem. Un oiseau pêcheur ayant saisi un poisson (comparez ϩⲙⲉ pelicanus). Ce thème signifie surtout plonger, s'enfoncer (comparez ϩⲓⲉⲙⲏ fluctus).

h, 11 [hieroglyph] La syllabe hen possède de nombreux homophones. Pour la branche de fleurs, la valeur provient du sens de fleurs, qui est fréquent pour le mot [hieroglyph] hen (comparez le copte ϩⲛⲁϥ flores dactylorum).

h, 12 [hieroglyph] [hieroglyph] [hieroglyph]. Cet objet qui n'est pas bien connu répond à la syllabe hen. Il est très usité pour l'expression d'une période de temps considérable qui se nommait [hieroglyph] hen. Le signe [hieroglyph] hen est tout différent de [hieroglyph] qui se lit an; cependant la ressemblance du tracé et la proximité des deux valeurs a produit souvent la confusion des deux hiéroglyphes.

h, 13 [hieroglyph] [hieroglyph] Je trouve ce signe employé pour la syllabe hen; quelquefois les deux compléments sont écrits [hieroglyph]. Je n'aperçois pas le sens particulier qu'on avait pu y attacher.

h, 14 [hieroglyph] Le vase de cette forme se trouve avec ses deux compléments sic: [hieroglyph] hen (comparez le copte ϩⲛⲟ vas). Il est surtout employé pour écrire le thème [hieroglyph] hen signifiant probablement le pouvoir, l'autorité des rois et des dieux. Dans l'acception passive, hen désigne l'esclave: en copte, le radical ϩⲱⲛ signifie imperare et aussi obedire.[1]

ḥ, 15 har. On trouve les compléments phonétiques hra. c'est le copte ϩⲣⲁ facies. Il représente une figure de femme peinte en jaune clair sur les anciens monuments: la perte de l'r final a amené la variante dialectique ha (en copte ϩⲟ facies) qui devient, dans beaucoup de cas, la prononciation de .

ḥ, 16 Le plafond qui figure le ciel, étant pris pour le symbole de la supériorité, donne le mot her, sur, écriture complète ; c'est le signe qu'on emploie de préférence quand la syllabe her se trouve réunie aux idées de supériorité, (en copte ϩⲣⲁⲓ super). her se trouve transcrit dans le mot Onouris qui correspond au nom du dieu an-hur.[2]

ḥ, 17 her est une des syllabes qui correspondaient au chemin (copte ϩⲓⲏ via, l'r final est tombé). L'expression phonétique est her, et seul figure quelquefois la même syllabe.

ḥ, 18 Ce signe remplace également la syllabe her,

(1) Un autre vase, de la forme prend aussi la valeur hen, il sert particulièrement à écrire le mot hent régente. hen est aussi une des prononciations affectées au crocodile et on retrouvera cette syllabe dans un grand nombre de mots.

(2) Beaucoup de noms propres commençaient par p-her, le supérieur, à l'époque Ptolémaïque; les transcriptions grecques rendent cette initiale par Φρι

et s'écrit plus souvent en déterminatif, sic: heri. Ce mot est pris ordinairement dans le sens terreur (en copte ϩⲟⲩⲣ, ϩⲉⲗⲓ, terror): il a aussi la signification de préparer.

h, 19. La fiole de cette forme a pour compléments h s. Le thème hes paraît identique avec copte ϩⲱⲥ chanter, louer; il avait un domaine t étendu dans la langue antique.

h, 20 hes, une génisse qu'on représente ordinairement couchée. Le mot est en rapport évide avec hus qui signifie un veau. Il n'y avait probablement d'autre différence que cel du féminin. Il sert phonétiquement pour syllabe hes, mais cette valeur est rarement emp

h, 21 Le personnage, les bras levés, porte sur la t la pousse signe des saisons et des temps. On le trouve remplaçant la syllabe heh (O -graphe plus récente heh) dans le sens de grand nombre. Le sens propre du personnage paraît être une longue période d'années (com le copte ϩⲁϩ multus, sæpe &).

83 — Nous avons eu soin de signaler, chemin fa sant, les doutes qui s'attachent encore à la lectur de quelques uns de ces caractères; mais il reste toute série de signes syllabiques importants et dont le déchiffrement est incomplet. Voici quelques uns plus usuels.

Barque de pêcheur, vaut ? ā dans le groupe

La jambe vaut (s̱ ?) s̱, dans sorte d'étoffe

hache de combat, ? χ, dans .
(Rame ?) vaut (n ?) m dans .
(Papyrus roulé ?) vaut ? m, dans
Le bois sec vaut (χ ?) n dans .
vaut (t ?) n dans (cesser, finir).
vaut (a ?) m dans les hommes.
vaut (K ?) n dans .
vaut (sur ? et usur ?) puissance.

C'est à combler ces lacunes et bien d'autres semblables que doivent travailler tous les égyptologues, car aucun progrès n'est plus désirable pour la science.

Les scribes des basses époques ajoutent à ces syllabiques une foule de valeurs nouvelles qui compliquent l'écriture et en rendent la lecture beaucoup plus pénible. Nous croyons que le principe de ces innovations doit être étudié à part et nous comptons consacrer à leur examen spécial un appendice suffisant. Il nous a semblé qu'il serait plus utile au commençant de fixer d'abord ses idées sur les règles plus simples de l'écriture ordinaire du temps des Pharaons de la XVIIIe et de la XIXe dynasties que nous avons principalement en vue dans ces études grammaticales. On sera mieux préparé pour aborder ensuite des difficultés nouvelles dont l'étude spéciale est absolument nécessaire à l'égyptologue, pour comprendre les inscriptions très-importantes du temps des grecs et des romains.

Mots comprenant trois articulations.

84 — On peut encore employer d'une manière

purement phonétique quelques signes qui correspondent à trois articulations. On comprend que les cas d'homophonie deviennent ici bien plus rares; il s'agit habituellement d'acceptions diverses, plutôt que de radicaux différents, mais le lien idéal entre ces diverses acceptions peut nous échapper aujourd'hui. Je citerai comme les plus usuels:

1 qui se prononçait amex, attaché à.

2 valait āper préparé, estimé, choisi.

3 , souvent , valait atef.

4 le luth nefer, bon, beau, jusqu'à.

. la gousse netem, suave.

5 le triangle sepet préparer, Sothis, nom d'un dieu.

7 Le ciel avec des vases. Ses variantes montrent , &c l'eau sous le ciel. Le signe vaut le phonétique tahen nuage, airain, nom d'un peuple Lybien &c.

8 une barbe vaut xebes barbe; nom antique des décans.

9 Le nez de veau se lit xent, il est transcrit par χοντ dans les noms grecs de décans.

10 variantes , , même valeur que le précédent avec lequel il varie; le sens ordinaire de xent est en avant. Les variantes montrent que le nez de veau , (pour lequel on trouve aussi quelquefois le nez de l'homme) avait également la prononciation fent . Ce dernier mot signifiait même le nez en égyptien et était susceptible de la même valeur phonétique fent.

11 Le scarabée valait xeper, dans sa forme pleine (voyez à xep).

12 Bouton ou feuille de lotus: il correspondait à xesef qui signifiait combattre, repousser et une sorte de bateau.

13 vaut quelquefois à lui seul ḥeseb compter, calculer (حسب, חשב).

14 Le dessus d'une table vaut ḥotep, unir, offrir &c.

15 Le scorpion servait à écrire les syllabes serek, soit dans le nom de la déesse serek Selcis/ soit dans le verbe serek respirer.

De la Polyphonie

85 — Le nom de Polyphones a été donné avec juste raison aux caractères qui possédaient la propriété de pouvoir être prononcés de plusieurs manières différentes. Nous pouvons diviser les cas de polyphonie en trois séries: premièrement, un signe peut répondre dans l'écriture égyptienne, à divers mots qui se groupent autour d'une même classe d'idées. C'est ainsi que l'oreille de veau répondait aux mots mester, ānx et at qui paraissent avoir tous les trois signifié l'oreille ou quelque portion spéciale de cet organe: les mots sem et setem, signifiant entendre, fournissent deux nouvelles valeurs, d'après le même principe(1)

(1) On pourrait ajouter à cette première classe les valeurs très-voisines qui sont produites par les variantes de prononciation ou d'écriture pour un ~~seul~~ et même mot: telles que tā, taa, ta, at, aat, aat, aatn pour et les formes plus ou moins développées d'un même radical: mais ce sont plutôt des extensions que de véritables cas de polyphonie.

86 — Secondement, un même signe peut avoir été choisi comme symbole d'un certain nombre d'idées, sans aucun lien véritable entre elles, du moins à nos yeux : c'est ainsi que le vase de cette forme ▽ répondra successivement et à lui seul au phonétique usex comme symbole de largeur, au mot āb comme type d'offrande et au mot hent signifiant régente, en vertu d'une allusion à nous inconnue.

87 — Troisièmement, un signe peut être devenu syllabique et pour plusieurs valeurs purement phonétiques qui auront été tirées des mots où il figure en vertu des deux principes qui précèdent. C'est ainsi que nous avons rencontré dans le syllabaire le signe , qui symbolise l'idée du don, répondant à deux radicaux tu et mā ; ceux-ci donnent à leur tour à les valeurs tu et mā, même dans les mots où l'idée du don n'existe plus à aucun degré. Nous nous expliquons parfaitement de la même manière comment l'anneau de métal a reçu la valeur phonétique Keb de l'idée de pli que renferme ce mot, la valeur rer, tirée du mot rer, entourer, circuler, et la valeur ten de l'unité de poids nommée ten.

Telle est la série des faits qui a engendré le phénomène de la polyphonie dans l'écriture égyptienne : le nombre des figures convenables au dessin et dont on pouvait raisonnablement charger la mémoire étant limité, on doit s'attendre à retrouver la polyphonie plus ou moins développée dans tout système d'écriture originairement idéographique.[1] C'est au dictionnaire qu'il appartient d'enrégistrer, à la table des signes, les divers mots qu'on pouvait lire sous chaque symbole : nous nous bornerons à citer ici quelques uns des exemples les plus fréquents pour familiariser l'esprit du lecteur avec la difficulté spéciale qu'offre souvent la recherche de la valeur qu'on doit appliquer à un signe polyphone, dans telle ou telle phrase.

88 — a les valeurs xu et am dans le syllabaire, il remplace encore à lui seul divers mots se rapportant à l'idée de lumière. ✶ L'étoile, qui se lit seb et tau, sert encore pour écrire nuter, dieu, sacré.

La tête humaine répond à tep, ha et her : on la trouve aussi pour tet et ap.

La jambe se prend pour pat, ret, men, uar.

L'offrande sur la main, pour tu et mā.

Le vase sur la main vaut tantôt mā, tantôt henk, il symbolise également le don ou l'offrande.

L'oreille de veau se lit at, ānx, mester, sem, setem aten , , , , , , .

(1) D'après ce que nous savons des écritures assyriennes, la polyphonie syllabaire semble y avoir été engendrée par des circonstances tout-à-fait analogues à celle que nous expliquons ici, quoique le changement de la langue originaire y voile habituellement la filiation des valeurs.

signe de la négation se trouve pour an, na, nen, ben, am et χem.

Le crocodile se lit at, sek et Kap, indépendamment des noms assez nombreux appliqués à l'animal lui-même.

Outre les valeurs met, χem, ut, ba, le nom même du phallus était henn

Le même bâton, ou du moins, des signes qui se confondent à nos yeux, valent alternativement ām, Ka, Kem, Kem, neh.

Le pieu aigu a les lectures as, tes, bien constatées (Ket qui résulte des transcriptions, attend sa preuve).

La croix se lit nem dans le groupe et se dans : mais elle vaut ur dans la combinaison et (Ken ?) dans .

Cette palme se lit sek et uah ; son nom était bener et on la trouve encore pour benben délices et pour ba palme.

Le nez du veau se prend pour le nez fe[illegible] il se lit aussi fa, fi, fet, χent ; sen dans le sens de respirer.

Ce sceptre, dont le nom est pat, répond aux syllabes peχ, χem et χerp.

Le petit ciseau ou rabot vaut tantôt Ke tantôt sāh, ou Ken ; il répond encore à ab et à divers autres mots.

Le bandeau est lu nes, tep ou m

Les valeurs Keb, rer, ten, ont été expliquées ci-dessus pour l'anneau.

𓏌 Le vase, outre sa valeur n, se lit χen, dans la préposition 𓏌 χen, dans : il sert encore à désigner les nombres ordinaux.

𓋩 qui paraît une rame, se lit 𓐍 χer, 𓎛 hāp et même 𓈖 neχt, dans des textes très-anciens.

𓈙 Ce signe qui paraît figurer un puits ou un réservoir creusé, vaut ordinairement 𓎛 ḥem ; mais on trouve encore 𓈙 pour 𓃀 ba dans le sens de mines et nourriture, pour 𓊪 pehu et 𓎛 ḥen, marais ou lac.

89 — Il faut reconnaître que la polyphonie est une source d'embarras et de difficultés considérables et que la science a encore beaucoup à faire pour la nomenclature et l'appréciation exacte des diverses valeurs phonétiques applicables aux signes polyphones. Il est vrai qu'on a souvent pour se déterminer, la présence de quelques compléments phonétiques et, dans l'écriture hiératique, il est rare qu'on ait complètement omis ce secours précieux. C'est ainsi que 𓅓 sera facilement reconnu pour mā et que 𓂋 rer ne pourra être confondu avec 𓈖 ten, 𓐍 χem se distingue bien de χerp ou peχ et 𓎛 uah de 𓋴 sek. Mais notre ignorance n'est pas toujours aidée ainsi et le choix du mot convenable ne peut quelquefois être indiqué à l'égyptologue que par l'étude approfondie des textes analogues à celui qui fait le sujet de ses recherches.

Des Déterminatifs.

90 — Nous avons dit que Champollion avait

36 Momie couchée, variante du précédent et surtout du suivant.

37 . Lit funèbre, seul ou avec la momie, 1° momies, mort, embaumement. 2° se coucher, repos.

C 38 92 — Femme accroupie,[1] femme et déesse, 2° pronoms et participes féminins.

39 Femme accouchant, 1° grossesse,[2] maternité &c.

40 Femme tenant un enfant, 1° allaiter, élever, nourrice, berceuse &c.

D 41 Tête d'homme vue de profil, 1° tête, front, occiput & 2° primauté, supériorité.

42 Boucle de cheveux, 1° cheveux et poils d'animaux, 2° noir, 3° deuil, 4° détours, courber &c.

43 Oeil humain,[3] 1° voir, observer & 2° veiller, s'éveiller, 3° savoir, connaître, 4° ennemi, pervers &c.

44 Oeil pleurant, 1° pleurs, chagrin, deuil.

45 Nez,[4] 1° respirer, sentir, souffler, 2° joie, plaisir.

46 (Dent d'éléphant?), 1° nourriture, 2° parole, chant, certaines fêtes. 3° mines et sens inconnus.

47 Dent, 1° nourriture, 2° parole, 3° objets durs, pierres &c, 4° régions, directions.

---

(1) Variante debout, rare. Variantes nombreuses avec une fleur les attributs et coiffures varient suivant le caractère des princesses reines, ou déesses.

(2) Pour la grossesse l'enfant disparaît quelquefois, et le ventre se grossit dans certaines variantes.

(3) Variantes et la prunelle seule ⊙ ou •.

(4) Employé surtout dans les anciens monuments, le remplaça plus tard presque exclusivement.

48 Bras tenant la massue, 1° toute action impliquant l'emploi d'une force quelconque.

49 Main, la paume en dessous,[1] 1° bras, épaules, 2° cotés, directions, 3° repos, inertie, 4° chants, douceur, agrément.

50 Un sein et deux bras,[2] 1° embrasser, réunir, 2° serrer, renfermer, 3° événement, fortune.

51 Phallus, 1° mâle, génération, 2° souillure, verser, couler, 3° parties sexuelles, devant, 4° veines, vaisseaux, 5° autres sens non définis.

52 Jambe ployée,[3] 1° Jambe, pied, genou &c. 2° marche et changement de lieu, 3° diminution et agrandissement, 4° mesure de longueur et agraires, extrémité, limites &c.

53 Jambes en marche, 1° locomotion en général.

54 Jambes marchant en sens contraire, 1° retour, sortir, 2° renvoyer, repousser, empêcher.

55 Plaie saignante? 1° liquides, 2° verser, cracher, vomir &.

E 56 94 — Cuisse du lion, 1° derrière, suivre, 2° se révolter, refuser, 3° force, violence.

57 L'animal typhonien 1° révolte, violence, désordre, 2° tempêtes orages.

58 Nez de veau,[4] 1° nez, narines, poumons, 2° sentir, respirer, dormir, 3° plaisir, 4° séparer, enfermer, se révolter.

59 Tête de bœuf sur un support, 1° gorge, gosier, poumons &c. 2° manger, respirer.

---

(1) Il se confond souvent avec la patte d'un oiseau couché, qui détermine les mêmes idées.

(2) Variante avec un vase ou bien, ou les bras seuls.

(3) Combinée avec le couteau, pour les idées d'enlever, diminuer, anéantir, violer. (4) variante.

15 Flamme d'une cassolette, 1° flammes, feu, 2° Chaleur, cuire &. 3° ardeur.

B[1] 16 Homme (accroupi), 1° noms propres, 2° pronoms et particip[es] 3° qualifications de l'homme.

17 Homme agissant. Ce déterminatif, un peu trop vague, remplace souvent, à l'époque saïte, les autres déterminatifs mieux spécifiés qui vont suivre.

18 Homme assis, à longue barbe[2], 1° homme vénérable, rois & 2° dieux, choses sacrées.

19 Personnage sur un trône, 1° ancêtres, princes, rois, grand[s]

20 Homme agenouillé, tenant le fouet sacré, 1° personnag[es] vénérables, 2° défunts, esprits, mânes.

21 Homme accroupi, les deux bras pendants, 1° repos, tranquillité, 2° faiblesse, mollesse.

22 Homme accroupi, la main vers la bouche, 1° nourriture, 2° paroles, 3° sentiments, pensées.

23 Homme soutenant sur sa tête une corbeille[3], 1° porter, 2° batir, travail.

24 Homme agenouillé, levant les deux mains[4], 1° adoration, invocation, prière, mystère.

---

(1) Remarques: la barre verticale , remplace l'homme dans une foule de mots. Les signes homme et femme se réunissent suivant les idées qu'on veut exprimer, en un seul groupe. c'est ainsi que détermine l'espèce humaine, ses divisions, les classes d'hommes et les participes au pluriel.

(2) Les attributs varient à l'infini, suivant le personnage; il en est de même pour le signe suivant ou le siège prend aussi diverses formes suivant les époques.

(3) Variante debout . (4) variante debout .

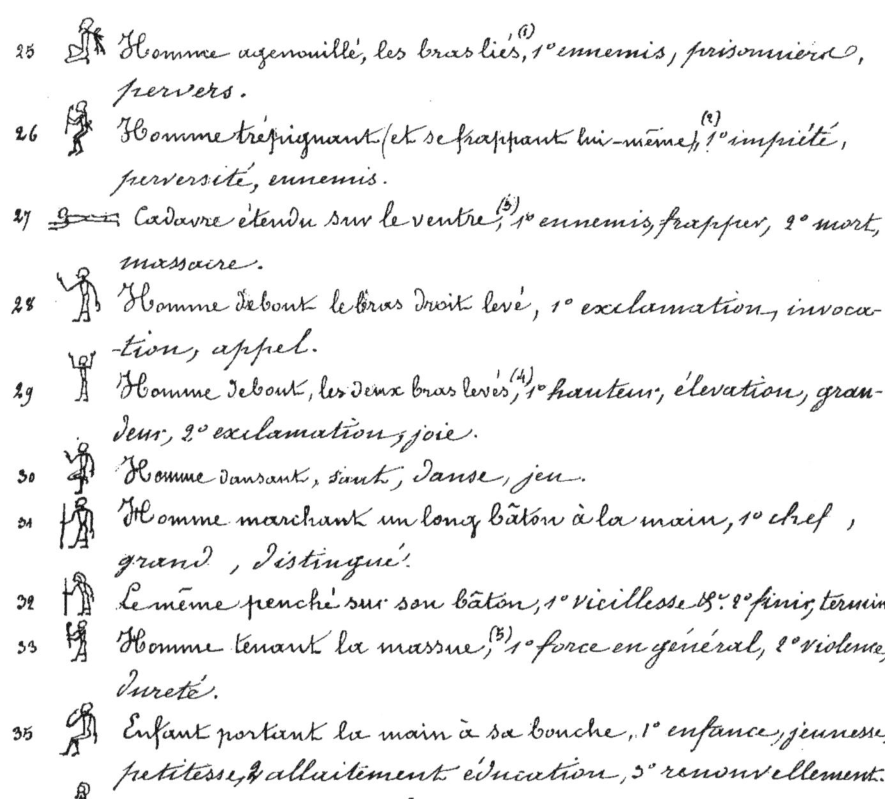

25 Homme agenouillé, les bras liés,[1] 1° ennemis, prisonniers, pervers.

26 Homme trépignant (et se frappant lui-même),[2] 1° impiété, perversité, ennemis.

27 Cadavre étendu sur le ventre,[3] 1° ennemis, frapper, 2° mort, massacre.

28 Homme debout le bras droit levé, 1° exclamation, invocation, appel.

29 Homme debout, les deux bras levés,[4] 1° hauteur, élévation, grandeur, 2° exclamation, joie.

30 Homme dansant, saut, danse, jeu.

31 Homme marchant un long bâton à la main, 1° chef, grand, distingué.

32 Le même penché sur son bâton, 1° vieillesse &c. 2° finir, terminer.

33 Homme tenant la massue,[5] 1° force en général, 2° violence, dureté.

35 Enfant portant la main à sa bouche, 1° enfance, jeunesse, petitesse, 2° allaitement éducation, 3° renouvellement.

36 Momie debout, 1° embaumement, mânes &c. 2° rites, cérémonies, usages, 3° images, types, formes.

---

(1) Variantes suivant la race du prisonnier ; variantes debout et avec le poteau .

(2) Variantes dans l'attitude plus ou moins renversée, autres variantes avec le poteau et ou .

(3) Variantes, sur le dos, et dans la position .

(4) Variantes à genoux .

(5) Variantes l'homme tenant le bois dur et l'homme tenant la rame.

ainsi nommé certains signes idéographiques, trac à la suite d'un mot déjà représenté dans son expression phonétique. L'usage de chacun des signes dét-minatifs est plus ou moins étendu; la plupart n convienment qu'à un radical ou au moins à une seu et même idée. Dans ce cas, c'est au tableau général des signes, partie essentielle du dictionnaire, qu'il appartient d'enrégistrer leurs emplois. Mais il est une classe d'hiéroglyphes qu'on plaçait comme détermi-natifs après divers mots, souvent nombreux, et qui a, pour cette raison, nommés déterminatifs génériques la théorie des écritures égyptiennes réclame l'étude ces caractères. La grammaire de Champollion en contient une quarantaine, qui sont répartis entre le deux chapitres des noms ou des verbes. Mais en réal le déterminatif s'attache au radical; il dépend en effet de l'idée mère et non du rôle grammatical que le mot joue dans la phrase(1). Nous pensons qu faut en étudier à peu près une centaine pour se fa une idée suffisante de la part si importante qu prennent dans le système hiéroglyphique. On comprend que le nombre en pourrait être facilement augmenté, si l'on voulait descendre à des signes d usage plus restreint. Rien ne nous porte d'ailleur à penser qu'il ait existé dans l'antiquité une sorte

(1) C'est ce qui nous empêche de suivre la division indiquée par Champollion. Mr. Birch s'en est également affranchi dans son tableau de déterminatifs, V. Egypt's place &c. T. I. Comparez Gram. Champol. Nos 91 et suiva 263 et suivants.

de liste officielle de ces déterminatifs génériques qui, dès l'origine de la science, ont été comparés aux clefs de l'écriture chinoise, dont le rôle est toutefois un peu différent.

91 — Liste des déterminatifs génériques les plus usités.

Objet figuré et sens des mots déterminés par lui :

(1) 1. Plafond, 1° Ciel, plafond de salle, toit d'un temple. 2° élever, supériorité.

2 Etoile attachée au ciel, 1° nuit, soir &c. 2° Obscurité.

3 Ciel avec un vase attaché, mêmes sens que le précédent

4 (2) Ciel et quatre vases ou colonnes, 1° pluie, rosée, nuages, orages. 2° autres sens inconnus.

5 L'eau tombant du ciel, même sens que le précédent
variante, même sens que le précédent.

6 Disque solaire, 1° Soleil, lumière, 2° divisions du temps.

7 Soleil rayonnant vers la terre ; lumière, éclat.

8 Etoile, 1° Astre ; constellations, dieux célestes, 2° divisions du temps.

9 Pays accidenté, 1° Contrée, pays, montagnes, 2° nations.

10 Ondulation de terrain, 1° Vallées, montagnes.

11 Ovale, 1° îles, enceintes, Oasis, certains pays.

12 Plan de ville ? 1° régions, habitations, villes et villages.

13 Territoire divisé, 1° districts, champs, nômes d'Egypte.

14 Vagues, ou 1° eau, liquides, mers, fleuves &c., 2° laver, effacer pureté, 3° fraicheur, 4° niveau, bas &c.

---

(1) Les lettres répondent à nos divisions. Voyez ci-dessus, N°3.

(2) paraît quelquefois l'abrégé du même, mais il représente spécialement les quatre supports du ciel.

60 Morceau de peau, 1° quadrupèdes, 2° objets en cuir.

61 Os de l'épine dorsale,[1] 1° dos, nuque, 2° couper, diviser.

62 Os avec de la chair?[2] 1° membres en général.

F 63 95— Oie du Nil. 1° Oiseaux et insectes volants.

64 Passereau, 1° petitesse, vil, 2° mal, méchanceté.

65 Aile,[3] 1° ailes, plumes, 2° voler, s'élever.

66 Œuf, 1° œuf et ovipares, 2° race, filiation, 3° féminin.

G 67 96— Crocodile, 1° diverses sortes de crocodiles et dieux qui s'y rapportent, 2° se cacher, épier, 3° destruction et autres sens inconnus.

68 Poisson (Rami?) 1° Poissons, pêche, 2° impureté, prohibition.

69 Vipère dressée, 1° divinité; nom de déesses.

70 Couleuvre, 1° reptiles et vers, 2° serpens divinisés et noms de divers génies.

H 71 97— Sycomore? 1° arbres de toutes sortes.

72 Branche sèche, 1° essences diverses de bois, objets fabriqués en bois.

73 Pousse de palmier?[4] 1° saison, année, temps, 2° jeunesse, renouveler.

74 Groupe de fleurs, 1° plantes en général, fleurs, tiges &c 2° objets composés de plantes.

---

(1) Variantes : &c.

(2) La variante usuelle est appréciée par Champollion, comme une goutte de sang; la direction me fait douter de cette attribution. Je regarde comme un abrégé de .

(3) variantes nombreuses de formes telles que , &c.

(4) variantes avec un support , .

75 , ou , Graines,[1] 1° céréales de diverses sortes, 2° labourer, moissonner, 3° mesures.

76 Vase comble de grains,[2] 1° céréales diverses, 2° moissons, tributs, 3° mesurer, boisseau.

I 77 98 — Plan d'une chambre, 1° demeures 2° lieux en général.

78 Rempart ou muraille, 1° murs, fortifications, enceintes.

79 Rempart tombant, 1° ébranler, s'écrouler, détruire.

80 Degrés,[3] 1° escalier, monter, 2° approcher, pied d'un monument.

81 Enceinte fortifiée, 1° noms de villes fortifiées (on les écrit dans cette enceinte).

82 Bassin, 1° eaux, fleuves, mers, canaux et bassins, 2° irriguer, cultiver.

83 Canal ou route, 1° Chemins, voyages; 2° séparation, chasser 3° temps, périodes.

84 Angle de mur, 1° Angles, coins, lieux spéciaux, 2° mystère, adoration.

85 Bloc de pierre, 1° pierres, briques et roches diverses, 2° objets en pierre et substances minérales.

J 86 99 — Barque,[5] 1° navires, barques, navigation; 2° voyages, marches.

87 Voile, 1° Voiles, souffles, air, respirer, 2° fraicheur, plaisir, 3° vents et leurs directions géographiques.

---

(1) Variantes suivant l'espèce de graines.

(2) variantes , , un boisseau versant des grains.

(3) Variante , surtout dans le sens de monter, s'élever.

(4) Variantes : et .

(5) La variante de la barque à la voile indique ordinairement le voyage en remontant le fleuve, Xenti.

L 88 Volume fermé. 1° écritures, livres, 2° dessins, peintures, calc quantités, 3° savoir, pensée &c.

89 Lien du volume, 1° écrire, livres, 2° science, 3° lier, fermer, finir.

M 90 Couvercle de cercueil[1], 1° cercueil, embaumement, 2° deme-re, lieux divers.

91 Poteau, 1° errer, voyager, aborder, 2° peuples et noms étrangers, 3° impiété &c.

N 92 , Ciseau ou rabot (?) 1° retrancher, 2° polir, ivoire, os &c. 3° nettoyer, embaumer &c.

93 Couteau ou épée[2], 1° couper, cueillir &c. 2° tuer, battre, piquer, 3° séparer, distinguer, 4° aiguiser.

Q 94 pain long, 1° pains et vivres, 2° provisions de toutes sortes, richesses.

R 95 Corbeille (avec un carré)[3], 1° fêtes.

96 Corbeille, 1° largeur, 2° vivres et objets d'offrande qu'on mettait en corbeille, 3° gouverner (?).

97 Ruban avec ?... 1° étoffe, 2° habillements, envelopper, cacher, &c.

98 Vase à couvercle[4], 1° huiles, cire, 2° parfums, salaisons.

99 Vase avec deux attaches[5], 1° parfums, 2° graisses, onctions.

100 Vase arrondi, 1° mêmes sens et de plus les sens attach à l'eau , (V. n° 14), 2° nombres ordinaux et sens inconn

---

(1) Variantes: diverses formes du cercueil &c.

(2) Variante dans quelques cas, le sabre .

(3) Le petit carré ◇ est essentiel, car on trouve la variante .

(4) Variantes , , , &c.

(5) Variante , surtout pour les vins.

101 Vase à suspendre, 1° milieu, 2° repos, 3° cœur, 4° sentiments.

102 X Croix en travers, 1° Croisement, mêlée 2° multiplication, actions redoublées, flexion, 3° réflexion, 4° verbes transitifs.

103 Nœud ou paquet, 1° étoffes, habillements, 2° liens, courroies, filets.

104 Cartouche ou nœud ovale, 1° ovale, orbite, 2° nom (il entoure les noms des rois et des reines.)

105 O Anneau ou cercle, 1° renouvellement, fois, 2° totalité, cercle.

106 ooo Anneaux[1], 1° métaux, 2° solides précieux, 3° résines &c.

107 ooo ou ••• Grains ronds, 1° Sables, poudres, farines.

108 (Bout du doigt ?) ou griffe[2], 1° saisir, voler, arracher, 2° grains, parcelles &.

109 Paquet enveloppé (?) 1° envelopper, embaumer),
2° développer, compter, 3° autres sens inconnus.

110 Le même avec un jet de liquide[3], 1° Odeurs (bonnes ou mauvaises) et objets odorants. 2° ordures, corruption, 3° autres sens inconnus.

Nota. La science ne peut pas être considérée comme ayant accompli tout-à-fait sa tâche dans ce chapitre, et plusieurs de ces déterminatifs génériques laissent encore bien des inconnues à dégager dans leurs domaines.

---

(1) variantes, un seul O, ou bien ; souvent il se confond avec les grains ronds •••.

(2) variantes , , griffes ? et , avant-bras.

(3) Ce caractère s'échange souvent avec le précédent, mais peut-être seulement par la négligence des copistes.

De la lecture des signes idéographiques.

100 — Outre leurs lettres simples, et leurs signes syllabiques, nous avons dit que les égyptiens avaient encore la faculté d'écrire les mots par les signes idéographiques. La vraie lecture des signes de cet ordre peut être obtenue de diverses manières. Elles est souvent fournie par l'analyse des noms propres dont on possède des transcriptions. C'est ainsi que l'inscription de Rosette suffisait pour lire, au moins approximativement, les noms des dieux Thoth et Horus exprimés l'un par l'ibis sacré  et l'autre par l'épervier. On possède une grande quantité de noms bilingues, écrits en grec et en égyptien démotique; la correspondance des signes démotiques avec les hiéroglyphes étant de jour en jour mieux connue, on peut extraire de ces noms un grand nombre de mots égyptiens, dont la lecture se trouve ainsi découverte ou vérifiée. Mais il existe une autre source de renseignements dont la fécondité est pour ainsi dire indéfinie, à savoir, l'étude des variantes. Il arrive souvent en effet que dans les copies d'un même texte, un mot se trouve écrit par des méthodes très diverses. Les lettres ou les signes syllabiques connus y remplacent un signe idéographique. Souvent aussi le signe étudié se trouve écrit en déterminatif, après sa propre expression phonétique. Si l'on cherche le nom de la cuisse de bœuf  souvent figurée seule, on n'aura pas à hésiter lorsqu'on aura rencontré le mot écrit  .

Xepeš ou même [hieroglyphes], avec le déterminatif générique des membres. C'est par l'étude de ces variantes que Champollion et ses successeurs ont pu donner au dictionnaire phonétique un développement déjà très-considérable et qu'augmentent les travaux de chaque jour.

101 — Lorsqu'un mot est écrit par un seul signe idéographique et surtout lorsqu'il s'agit d'un substantif, ce caractère est le plus ordinairement désigné à l'attention par les marques I, ⌓, ou leurs combinaisons ⌓I, ⌓⌓. Cette précaution empêche souvent le doute sur le rôle que doit jouer un caractère. Ainsi [hiéroglyphe] est la lettre $\bar{a}$, mais [hiéroglyphe] est l'avant bras. [hiéroglyphe] est le déterminatif générique des écritures, du savoir &c. [hiéroglyphe] est le livre[1] [hiéroglyphe] est le déterminatif des noms propres de pays accidentés, [hiéroglyphe] est le mot [hiéroglyphes] ṭes, région, pays. [hiéroglyphe] est la lettre š, [hiéroglyphe] est še, le bassin: &a.

102 — De la combinaison des signes de diverses sortes pour former les mots.

Dans les textes écrits avec un certain développement et surtout dans les manuscrits hiératiques où les signes sont toujours plus multipliés, beaucoup de mots sont composés, d'abord d'une expression phonétique tracée d'après une des méthodes ci-dessus expliquées et par surcroît, d'un ou de plusieurs déterminatifs. En pareil cas, le déterminatif qui

---

(1) Comp. Champol. Gr. n° 76, 77, 78.

exprime l'idée la plus générale est écrit le dernier. soit par exemple le mot [hieroglyphs] Kanen, s'affaiblir, faiblesse (copte ϭⲛⲟⲛ mollis). le mot est d'abord écrit ici en lettres simples [hieroglyphs] Kanen; puis viennent les déterminatifs : 1° [hieroglyph] repos, faiblesse 2° ✕ croisement, flexion, 3° [hieroglyph] mal, choses funestes en général. Le mot [hieroglyphs] setem stibium, a été écrit par l'oreille [hieroglyph] pour set et l'm ordinaire [hieroglyph]; viennent ensuite l'œil [hieroglyph], à cause de l'emploi de cette substance pour les yeux et ∘∘∘ déterminatif général des métaux &. Ajoutons ici que l'emploi d'un caractère idéographique n'exclut pas l'addition d'un déterminatif d'un sens plus général: c'est ainsi que pour le mot [hieroglyph] χerau combattre, on trouve fréquemment [hieroglyphs] avec la croix et le bras armé.

103 — Des signes explétifs. Champollion a donné ce nom à un petit nombre de caractères qui ne doivent pas être prononcés, et qui servent à quelques usages purement graphiques. Le plus important est le volume [hieroglyph], signe de l'écriture en général. Il sert quelquefois de signe de séparation ou de disjonctif[1]. Il faut néanmoins noter avec soin qu'il est un grand nombre de radicaux, auxquels [hieroglyph] appartient essentiellement comme déterminatif générique,[2] en sorte que son emploi comme

---

(1) Comp. Champol. Gr. N° 109, 110.

(2) Voyez ci-dessous, déterminatif N° 86.

explétif est beaucoup moins fréquent que Champollion ne l'avait supposé. Dans l'écriture hiératique, le signe explétif prend des formes assez variées [hieratic signs], &c. qui nous paraissent toutes provenir de [hieratic signs], hiératique de [hieroglyph]. En effet les abréviations successives de [hieratic signs], arrivent à se confondre exactement avec l'explétif [hieratic sign]. On faisait un assez grand usage du signe [hieratic sign] et l'on s'en servait notamment pour remplir les vides. Dans cette écriture, on cherchait en effet à obtenir une certaine pondération des caractères, qui rappelle le prototype de ces groupes carrés qui donnent un si bel aspect à l'écriture monumentale.

104 — Les signes [hieroglyphs], se trouvent aussi souvent dans des variantes où l'on voit clairement qu'ils n'ajoutent rien, ni à l'idée, ni à la prononciation. [hieroglyph] ou [hieroglyph] s'ajoutent même souvent à un déterminatif et c'est presque la règle, quand cela complète le carré : exemples [hieroglyphs] abetu dent (copte ⲟⲃϩⲉ), [hieroglyphs] mennefer, memphis. En pareil cas l'explétif suit ordinairement le genre du substantif ; [hieroglyph] pour le masculin, [hieroglyph] pour le féminin. La valeur phonétique de [hieroglyph] t, comme finale féminine, peut causer quelquefois de l'embarras, mais son caractère explétif apparaît clairement dans d'autres cas. On trouve par exemple, pour le mot bien connu sim, herbe la variante [hieroglyphs]. On sera forcé d'analyser ainsi ce groupe [hieroglyph] brins, signe des choses divisées, syllabique pour sem, accompagné des compléments

phonétiques s̱ i̱ m̱ u̱ ; [hieroglyph] plantes, déterminatif ; III signe du pluriel. [hieroglyph] n'a pas d'autre rôle possible que celui d'explétif, suivant [hieroglyph], pour le carré du groupe.

105 — L'explétif I a des emplois analogues ; on le trouve avec la lettre [hieroglyph], sic [hieroglyph], même pour r̲ final. Avec [hieroglyph] face, il compose le groupe [hieroglyph], non seulement pour le substantif ḥar, ḥa, face, mais aussi pour la particule ḥer sur &. Dans l'écriture hiératique, le trait I, I, s'attache à beaucoup de caractères et probablement dans le but de les distinguer de signes très-voisins ; c'est ce qu'on observe dans les papyrus, surtout depuis la XIXe. dynastie. C'est ainsi que [hieroglyph], qui vaut [hieroglyph], se distingue clairement de [hieroglyph], [hieroglyph] = [hieroglyph] t̲. [hieroglyph] hiératique de [hieroglyph], serait, sans cette précaution, facilement confondu avec [hieroglyph], hiératique de [hieroglyph] : de là vient que ce trait vertical a pris un grand pied dans le corps de l'écriture hiératique, où il est très-utile comme signe diacritique ; mais les habitudes de chaque siècle et presque de chaque écrivain varient sur son emploi plus ou moins abondant. A la fin des mots on trouve, surtout dans les bas temps, l'explétif de la forme [hieroglyph].(1)

106 — Champollion et après lui Salvolini ont admis plusieurs autres explétifs(2) auxquels, selon

---

(1) Comp. Champol. Gr. N° 110. Remarquez que le trait I n'est pas toujours explétif ; souvent il est l'abréviation de l'homme [hieroglyph] (voyez ci-dessus N° 91, note).

(2) Voyez Champollion Gr. N° 110, et Salvolini, analyse de l'inscription de Rosette &.

nous, ce nom n'est pas applicable; nous dirons un mot de chacun d'entre eux; 1° la finale [hieroglyph] ou [hieroglyph] nu ne se trouve qu'après n finale: elle se supprimait à volonté, on ne peut la prendre pour autre chose que pour l'indication d'un n sonnant avec une légère nunnation (analogue à celle du substantif arabe au nominatif). 2° Le groupe [hieroglyph] abrégé [hieroglyph], est souvent étranger à la lecture; exemple: [hieroglyph] égal à [hieroglyph] net. Mais il y avait là pour le signe [hieroglyph] un rôle idéographique dont le sens peut nous échapper; le fait n'en est pas moins certain, car cette circonstance ne se présente que dans un très-petit nombre de radicaux. Nous l'avons remarqué dans [hieroglyph] net, rendre hommage &. [hieroglyph] at ou Ket qui a des sens très-variés et [hieroglyph] tata, chef, primauté(1)

107— Des voyelles explétives et des compléments des lettres simples. Nous avons dit que les voyelles étaient souvent omises, quelquefois au contraire on trouve des voyelles ajoutées d'une manière tout-à-fait explétive et que le vague absolu qu'on est forcé de leur attribuer peut seul aider à comprendre. On constate facilement ce fait dans certains mots transcrits tels que dar du

(1) Salvolini ajoute plusieurs autres explétifs qui méritent encore bien moins ce nom, ainsi qu'on en peut juger par l'énoncé suivant: X est un déterminatif (voir ci dessus N° 102). [hieroglyph] est une finale phonétique (comparez en copte ϫⲟⲥ avec ϫⲉ dicere). [hieroglyph] pu, [hieroglyph] pti sont de véritables articles démonstratifs.

[hieroglyph] Ker est une particule servant de conjonction.

papyrus de Leyde, correspondant à l'égyptien [hiéroglyphes] tahan. Dans tout autre système, le premier a établirait une séparation de syllabe entre t et h transcrits ici par ד. La même remarque trouve son application quand il s'agit d'apprécier les transcriptions égyptiennes de divers mots étrangers, dont la forme grammaticale est bien connue. C'est ainsi que l'hébreu מַרְכֶּבֶת char est écrit [hiéroglyphes] mārkabuta; et que le nom de la harpe hébraïque, כִּנּוֹר est orthographié [hiéroglyphes] Kenaanaur.(1) On a remarqué que chaque lettre avait une sorte de complément favori et que c'était précisement ce signe complémentaire qui devait souvent être compté pour zéro dans la lecture. On a proposé, pour les lettres de ce genre, le nom de voyelles inhérentes, mais il nous paraît entrainer une idée exagérée: l'alphabet n'est pas un syllabaire car la pluspart des lettres simples s'unissaient avec les diverses voyelles. La connaissance de ces compléments ordinaires de chaque lettre n'est pas sans utilité, surtout quand il s'agit d'apprécier des transcriptions.

108 [hiéroglyphe] f paraît complété par \\ explétif: mais les syllabes [hiéroglyphes] fa, [hiéroglyphes] fā, [hiéroglyphes] fu, sont fréquentes dans l'écriture. [hiéroglyphe] b a pour finale favorite u, [hiéroglyphe] ou [hiéroglyphe] indifféremment. On trouve aussi [hiéroglyphes] ba, [hiéroglyphes] bā, [hiéroglyphes] bi, mais la combinaison [hiéroglyphes] ba est rare(2), ba s'exprime

---

(1) Voyez Papyrus Anastasi, 4, XII, 2.

(2) On peut en voir quelques exemples anciens, L. Denkmäler II, 44; et Papyrus Prisse, XIII, 11.

ordinairement par le signe , on traçait alors ou à volonté. En effet a pour complément favori.

Il en est exactement de même pour le p : a pour complément u, , , et il se prête aux syllabes pa, pā, pi ; mais pa s'écrivait ou par l'orthographe double, . Dans l'orthographe , qu'on rencontre souvent pour l'article pi, la variante pai introduit le a complémentaire. Pour la lettre , nous trouvons toutes les combinaisons , , , , . Ka, Ka, Kā, Ku, Ki ; cependant la voyelle favorite paraît avoir été a. On observe également toutes les voyelles avec . (sauf peut-être ā que nous n'avons pas remarqué). La voyelle complémentaire paraît a, ou i, suivant les écrivains. montre une préférence décidée pour la voyelle , néanmoins il se prête aussi aux combinaisons , , . Avec , on observe de même les voyelles , , , quoique l'aigle soit encore plus fréquent : on y joint quelquefois aussi l'explétif , même lorsque n'est pas un substantif. t n'a qu'une préférence peu constante pour la voyelle u : il se joint à , , , ou . Quant au t de la forme , u , lui appartient comme voyelle complémentaire : il ne répugne cependant à aucune autre combinaison de voyelles. est ordinairement uni à ou , beaucoup plus rarement à et . t est suivi le plus souvent par , et sont usités ; certains textes montrent même ıı comme explétif de . ṯ paraît aussi complété par ıı. Les syllabes ṯa, ṯā, ṯu ne sont pas rares, mais ṯa est rendu par , l'aigle étant le complément favori de : ce signe se prête aussi à former les groupes ṯu, ṯi.

Nous ne pouvons constater pour l'm aucun complément spécial, les combinaisons syllabiques ordinaires sont , , , , mā, ma, mu, mi. L'aigle s'attache au contraire plus volontiers à la lettre , après la combinaison ma, la plus usitée est mā. Le signe prend souvent pour explétif I, sic . Il figure aussi dans le groupe mā et dans mu, mi.

Pour n la voyelle complémentaire paraît être a; na, nā ni, sont plus usités que nu; car cette syllabe s'écrivait ordinairement par nu, comme finale et, comme initiale, par les syllabiques , .

L'explétif I complète le r, en formant le groupe , hiératique . ru est certainement la syllabe favorite de , on notera aussi souvent les groupes rā, ra ri mais ici encore est extrêmement rare. Le prend aussi souvent l'explétif I, (hiératique) et il se joint aux diverses voyelles finales sans exception.

s est souvent complété par explétif; le nom même de la bandelette paraît avoir été set.[1] La voyelle [hieroglyph] i est fréquente après [hieroglyph], mais toutes les syllabes [hieroglyph] sā, [hieroglyph] sa, [hieroglyph] su, [hieroglyph] si sont usitées. [hieroglyph] sa existe également, mais on se servait plus volontiers pour l'écrire d'un des syllabiques homophones. D'autres fois on supprimait la voyelle a, exemple: [hieroglyph] égal à [hieroglyph] sak. [hieroglyph] se complète aussi par [hieroglyph] et suit exactement les mêmes règles que [hieroglyph] (2).

[hieroglyph] š s'allie plus volontiers aux lettres [hieroglyph] ā, [hieroglyph] u; [hieroglyph] i; [hieroglyph] š préfère au contraire la voyelle [hieroglyph] a, sans exclure les autres. L'articulation χ donne lieu à la même remarque: [hieroglyph] prend [hieroglyph] pour explétif, [hieroglyph], et on lit très souvent [hieroglyph] χu, [hieroglyph] χi: [hieroglyph] χā, [hieroglyph] χa sont plus rares; cette dernière syllabe étant presque toujours écrite par [hieroglyph], ou par le groupe [hieroglyph]. L'aigle est évidemment le complément de [hieroglyph]; aussi les syllabes [hieroglyph] χi, [hieroglyph] χu ont-elles pour variantes ordinaires [hieroglyph] χai, [hieroglyph] χau. [hieroglyph] est ordinairement suivi de consonnes, sa voyelle est [hieroglyph] ā: avec les explétifs [hieroglyph], c'est un substantif χā, signifiant les flancs, le ventre.

[hieroglyph] h prend [hieroglyph] a pour complément; on remarque aussi les combinaisons [hieroglyph] hu, [hieroglyph] hi, dans lesquelles [hieroglyph] entre souvent comme variante, ainsi que nous l'avons vu plus haut pour [hieroglyph] χ. Pour l'aspiration h, au contraire, [hieroglyph] a ne s'écrivait guères que par l'entremise de [hieroglyph], sic: [hieroglyph] ou [hieroglyph] ha. [hieroglyph] seul s'unissait avec [hieroglyph]

---

(1) V. Lepsius, Denkmäler, III, 234, le groupe [hieroglyph]. Ce nom peut faire supposer que le t de la forme [hieroglyph] pourrait aussi être explétif après [hieroglyph].

(2) Le nom de la lettre [hieroglyph] était sans doute le mot [hieroglyph] ses verrou (stèle de Piānχi).

a̠, [hiero] a̠, [hiero] u̠, [hiero] i̠ : son explétif ordinaire est \\ i̠. [hiero] valant h̠ est rare, nous ne l'avons trouvé que suivi de consonnes ou de la voyelle u̠. Le syllabique [hiero] h̠u, très usité pour l'articulation h̠, a pour explétif [hiero], ce qui forme le groupe carré [hiero] (hiératique [hiero]).

Les remarques qui précèdent sont d'une très-grande utilité quand on a besoin de combler des lacunes de petite étendue, causées par l'usure des pierres ou la déchirure des papyrus. Elles constatent des habitudes, sur lesquelles nous ne ferons qu'une remarque générale, à savoir que la voyelle [hiero] a̠ ne s'unissait pas volontiers à un certain nombre de lettres; c'est sa présence qui semble alors exiger un intermédiaire et qui est l'occasion ordinaire du fait si singulier de l'orthographe pléonastique des groupes [hiero], [hiero] &c. pour pa̠ χa̠ &c.

109 — De la transcription des voyelles omises. Les voyelles, et particulièrement les voyelles complémentaires que nous venons de signaler, étant omises à volonté dans l'écriture, il y a souvent lieu de compléter la transcription d'un mot. Soit par exemple, le mot [hiero] h̠k, roi (hic dans hyksos); La variante est [hiero] h̠a̠k : on pourra donc transcrire [hiero] par h̠a̠k, sans arbitraire. Mais il est beaucoup de mots où les variantes donnent diverses voyelles et plusieurs autres où l'on n'a pas encore observé de variante avec une voyelle. La plupart des égyptologues ont pris le parti d'écrire alors un e̠ pour la voyelle absente; mais il ne faut considérer cette lettre que comme une marque de doute ou

comme une pierre d'attente comblant un vide momentané.

110 — Des abréviations et des exceptions.

Les abréviations étaient rares dans l'écriture égyptienne; les caractères idéographiques et syllabiques fournissaient un moyen régulier d'être aussi concis dans le tracé que l'exiguité de l'espace pouvait l'exiger. Il est certain néanmoins que l'abréviation n'était pas absolument proscrite et on en rencontre des exemples dans les formules usuelles. On peut citer, en ce genre [hiéroglyphes] nuter a pour [hiéroglyphes] nuter atef père divin, nom d'un ordre de prêtres. La lettre s [hiéroglyphe] joue le même rôle dans la formule [hiéroglyphes] ānχ uta senb,(1) [hiéroglyphe] vaut bien à lui seul le mot ānχ, [hiéroglyphe] ta est déjà abrégé, car on trouve le mot complet [hiéroglyphe] uta, dans la même formule; mais [hiéroglyphe] s seul pour le mot [hiéroglyphes] senb est d'un caractère plus tranché. Il est du reste bien rare que ces abréviations soient de nature à embarrasser le traducteur.

111 — Il existe quelques mots dont l'écriture sort des règles ordinaires: chacune de ces exceptions doit être discutée à part quand on les rencontre et on peut quelquefois saisir la trace des motifs qui l'ont dictée. C'est ainsi qu'on a remarqué que le groupe [hiéroglyphes] qui semblerait devoir être transcrit senKti était néanmoins une variante de Seti. Voici ce qui a conduit à ce tracé exceptionnel: le syllabique [hiéroglyphe] set a reçu pour

---

(1) [hiéroglyphes] ānχ, uta senb, vie, équilibre, santé, sorte de formule de souhait, ajoutée au nom des rois et traduit par l'inscription de Rosette ὑγεια.

abréviation hiératique, en suivant l'ordre des temps , ; : ce dernier ressemble exactement au groupe hiératique pour les trois lettres , en sorte que les écrivains prirent de là occasion de tracer le groupe pour la valeur set. C'est donc une imitation du style cursif passée dans les hiéroglyphes qui a causé cette exception et c'est pourquoi nous l'avons choisie pour exemple, parce que cette réaction de l'écriture des papyrus sur l'écriture monumentale peut être constatée dans un certain nombre de cas.

De l'écriture secrète.

112 — Les exceptions accumulées avec intention dans certaines parties des textes y composent ce que Champollion a nommé avec raison l'écriture secrète. Les plus anciennes traces que nous en ayons constatées, existent sur des monuments de la XVIIIe dynastie. Le sujet n'a pas encore été traité avec le développement qu'il mériterait. On y remarque 1° des objets rares ou inusités dans l'écriture ordinaire, 2° des signes syllabiques devenus lettres simples, 3° des valeurs phonétiques obtenues en détournant les signes de leur valeur idéographique ordinaire 4° des variantes entre les valeurs des sons voisins, c'est-à-dire toutes les déviations des principes ordinaires de l'écriture à l'aide desquelles on pouvait créer des exceptions. Ce sont de véritables énigmes qui dans l'intention des écrivains, ne devaient pas être intelligibles pour un lecteur ordinaire. Les combinaisons qui ont produit ces jeux graphiques ont leur intérêt, car c'est de leur développement que sont sorties toutes les valeurs nouvelles qui ont si étrangement compliqué l'écriture hiéroglyphique du temps des Grecs et des Romains.

113 — Exemple d'un texte analysé au point de vue des éléments de l'écriture hiéroglyphique.[1]

em hāu-f
artus ejus.

Analyse graphique: χer écrit par deux lettres simples; ar également. ṫer, le syllabique ṫer avec un complément r. ptar, les lettres p t r a; la voyelle a est remise entre les consonnes t r dans la transcription, le syllabique ne fait que doubler la valeur tar; l'œil symbole de vision, déterminatif du mot ptar, voir. Menna nom propre: le syllabique men avec un complément n, le disjonctif entre les deux syllabes, na, deux lettres; l'homme, déterminatif générique. pai-a, p-i lettres simples; l'homme, pronom

(1) Episode de l'écuyer, dans le poème de Pentaour. V. Papyrus Sallier 2, V, 4. Fragments du même texte copiés à Karnak et à Louqsor et donnant quelques variantes.

possessif, 1re personne, singulier; dans ce rôle, il varie avec , c'est pourquoi il faut ici le transcrire a. Kerāu, K-r-ā-u lettres; premier déterminatif, actions fortes; deuxième déterminatif, homme, sortes d'hommes. er-tet lettres simples, (est orthographié er conjecturalement, plutôt que re, à cause des analogies coptes qui seront expliquées). anehu-ua: le syllabique un, avec ses deux compléments a n; les lettres h u: déterminatif; la lettre u et l'homme qu'il faut transcrire a, comme ci-dessus, parceque c'est le suffixe de la 1re personne. er-χet écrit en lettres simples avec pour déterminatif. Le lézard présente une difficulté, c'est un polyphone, on lui connait les lectures tem, āšu et χu, il faut donc choisir d'après le sens de la phrase, car il n'y a pas de complément phonétique qui puisse guider: la valeur āš a été constatée dans le sens nombreux qui convient ici, c'est donc la plus probable. Le mot hetar est écrit en lettres, et déterminé par (quadrupède); III indique le pluriel que l'on trouve exprimé phonétiquement par la finale u. syllabique un, avec complément n. an-f lettres simples. syllabique avec l'explétif I. betes, les trois lettres b t š et trois déterminatifs. faiblesse, mollesse, × flexion, croisement, et mal. polyphone, lecture douteuse: hati est une des valeurs qui correspondent à , le cœur. Le mot, dans le sens de courage, est plusieurs fois orthographié hati dans le cours du même ouvrage, c'est le motif de notre choix. χesi, lettres simples, déterminatif.

[hiéroglyphe] la variante [hiéroglyphe] senta pour snat, donne la lecture de l'oie préparée; [hiéroglyphe] t est la marque finale du féminin dans ce mot et les deux adjectifs qui le suivent: [hiéroglyphe] syllabique pour āa, [hiéroglyphe] syllabique pour ur, (transcrit par les grecs ωηρ). [hiéroglyphe] syllabique pour āk, [hiéroglyphe] k complément; [hiéroglyphe] déterminatif, [hiéroglyphe] t final (indiquant le participe actif). [hiéroglyphe] lettre m. [hiéroglyphe], h ā lettres, [hiéroglyphe] déterminatif des membres et [hiéroglyphe] lettre simple. La triplication du signe [hiéroglyphe] indique le pluriel, rendu ici par la voyelle u.

Le lecteur attentif aura pu se convaincre par cette analyse que les règles dont nous avons présenté le résumé seraient insuffisantes à elles seules pour tenter la transcription d'un texte égyptien. Il est absolument nécessaire que l'application en soit dirigée par l'étude de la langue et des variantes graphiques. Beaucoup de langues possédant une écriture alphabétique présenteraient d'ailleurs des difficultés tout aussi grandes à un lecteur peu instruit de leurs formes.

Additions et corrections.

Une absence prolongée ne nous a pas permis d'obtenir toute la correction désirable pour cette première section: nous nous bornerons à corriger les principales fautes et à réparer quelques oublis. Nous avons reçu, pendant l'impression de ces pages, le texte du décret bilingue de Canopus. Son étude ne nous a fourni aucune correction, ni aucun secours nouveau, en ce qui concerne l'écriture en elle-même; mais il nous offrira, pour la suite de la grammaire, des exemples très utiles par l'autorité qu'ils reçevront de la traduction grecque.

Page 21, ligne 12 et 62, l. 22, rectifiez les deux passages relatifs au signe 𓂋, sa valeur r ne devient usuelle qu'aux basses époques : auparavant elle n'est qu'exceptionnelle.

Page 24, l. 12, au lieu de ⊓, lisez ⊓.

Page 53, l. 25, au lieu de sémétiques, lisez sémitiques.

Page 58, l. 21, au lieu de pant, lisez pant.

Page 59, l. 10, le signe [signe] reproduit exactement la forme d'une sorte de sacs, dans lesquels on chargeait des objets de tribut et dont le nom était [hiéroglyphes] Kau-t (V. L. Denkmäler III. 210).

Page 60, l. 1, suivant Mr Brugsch, on reconnaîtrait souvent dans ces oiseaux le type de l'autruche.

Page 64, l. 12 [signe], Mr Brugsch m'annonce des preuves nouvelles qui trancheraient la question en faveur de la lecture χā.

Page 69, après A 17, restituez la tête humaine, vue de profil [signe], avec la valeur [hiéroglyphes] ap, que la lecture tep ne doit pas annuler.

Page 72, A 37, un curieux passage de la stèle du roi Pianχi, me fait conjecturer que le signe [signe] représenterait un bélier.

Page 73, l. 2, āmu, lisez ān

Page 78, B 4, le poisson bes a souvent la forme courbée [signe].

Page 78. P 1, pour la syllabe pek, la tête de l'oiseau

reçoit diverses variantes ; on trouve [hiéroglyphe], [hiéroglyphe] et [hiéroglyphe].

Page 79, l. 2, lisez copte Sahidique.

Page 80, l. 1, la prononciation du signe [hiéroglyphe] reste douteuse dans le nom de la déesse à tête de lionne [hiéroglyphes]. Mr Brugsch indique Sekhet, comme la transcription démotique de ce mot.

Page 81, K 3 et K 4, le signe hiératique [signe hiératique] appartient au type [hiéroglyphe], variantes [hiéroglyphe], [hiéroglyphe]. La forme hiératique pour la griffe [hiéroglyphe] est différente : elle est figurée ainsi [signe hiératique] (V. Pap. Sallier II pl. 1 ligne 2.).

Page 85, K 9, la valeur ken reste douteuse pour le signe [hiéroglyphe] qu'on trouve aussi tracé [hiéroglyphe] et [hiéroglyphe] ; les exemples ne sont pas convaincants.

Page 86, T 7, au signe [hiéroglyphe], valeur ten, dans le nom du poids [hiéroglyphes] j'avais raison de signaler la preuve comme insuffisante en ce qui concerne la lecture du verbe [hiéroglyphes] ; Mr Brugsch me signale en effet la variante phonétique [hiéroglyphes], teben, dans le sens de circuler. La forme redoublée [hiéroglyphes] se prononçait [hiéroglyphes] tebenben.

Page 86, T 9, la forme antique la plus usitée pour le signe tes est [hiéroglyphe].

Page 88, l. 8, au lieu de Ⲧⲁⲗ, lisez ⲧⲁⲧ.

Page 98, S 3 et 4, ajoutez : [hiéroglyphe] ressemble beaucoup à la côte de bœuf dessinée dans les parties des victimes et dans les listes d'offrandes, etc.

Page 114, l. 6 [hiéroglyphes] heri est souvent pris en mauvaise part, comme dans le sens démoniaques.

Page 120, l. 3, aux prononciations usitées pour le croco
ajoutez hen, qui est assez fréquent.

Page 122, note, ajoutez : il y a cependant quelques détermin
ayant un véritable rôle grammatical, nous les retrouve
rons aux chapitres des noms, pronoms et participes.

Page 123, déterminatifs, N° 13, après ajoutez, variantes
qui n'est peut-être qu'une abréviation du même sig
il détermine les territoires et leurs portions, ainsi que
tout ce qui se rapporte à la terre comme digues ou lin

Page 124, l. 1, aux divers sens de, ajoutez : ardeur, zèle.

Page 126, N° 42, lisez ainsi les N°s 2, 3 et 4 : 2° noir, couleurs
général, 3° deuil, chagrins, gêne, tourments. 4° détours, te

ibid. N° 47, ajoutez tout ce qui se rapporte à la terre e
aux champs.

Page 127, N° 54, on trouve souvent, comme variantes d
ce signe, l'homme se retournant, ou marchant
simplement en sens inverse de l'inscription.

Page 131, l. 20, ajoutez à cette liste l'objet inconnu
qui détermine le verbe frapper et un certa
nombre de radicaux indiquant les actions violentes

Page 140, l. 8, ajoutez : les transcriptions prouvent que
voyelle a est souvent explétive après.

Page 124, l. 2, la forme la plus ancienne pour le sigle hiér
tique de est celle du papyrus Prisse (page VI, l. 11)
; elle explique parfaitement l'origine de cette
méprise. Le dernier trait ressemblant déjà exacte
ment au sigle pour qui avait à cette époque la
forme.

Fin de la première Section.

Imp. Lith. Masse Pass. Choiseul

Tableau paléographique

des formes cursives de l'Alphabet

Valeur	Hiéroglyphe	Hiératique: Papyrus Prisse	Hiératique: XIXe dynastie	Hiératique: Basses époques	Démotique: 1er Type	Démotique: 2e Type
a						
ạ						?
ā						?
i						
i						
ụ						
u						

Valeur	Hiéroglyphe	Hiératique			Démotique	
		Papyrus Prisse	XIXe dynastie	Basses époques	1er Type	2e Type
f						
b						
b		?				
p						
p						
k						
k						
k						
ḳ						
t					?	
t						

Valeur	Hiéroglyphe	Hiératique — Papyrus Prisse	Hiératique — XIXe dynastie	Hiératique — Basses époques	Démotique — 1er Type	Démotique — 2e Type
t						
ṭ						
t'						
t'						
m						
m						
m						
n						
n					?	
r						
r						

Valeur	Hiéroglyphe	Hiératique: Papyrus Prisse	Hiératique: XIXe Dynastie	Hiératique: Basses époques	Démotique: 1er Type	Démotique: 2e Type
s						
s						
š						
š						
χ						
χ						
χ						
ḥ						
ḥ						
h						

Signe	Valeur	
A		
1		αα̣
2		αα̣u
3		αᾱ
4		ᾱα
U		
1		uα̣
2		uᾱ
3		uu
4		uu
5		uu
F		
1		fu
2		fα̣u
B		
1		bα̣
2		bα̣
3		bα
4		bα

Signe	Valeur	
P		
1		pα̣u
2		pα̣u
3		pu
K		
1		Kα̣
2		Kα̣
3		Kα̣
4		Kα̣
Ḳ		
1		Ḳα
2		Ḳα
T		
1		tα̣
2		tα̣
3		tα̣
4		tα̣
5		tα̣
6		tu
7		ti

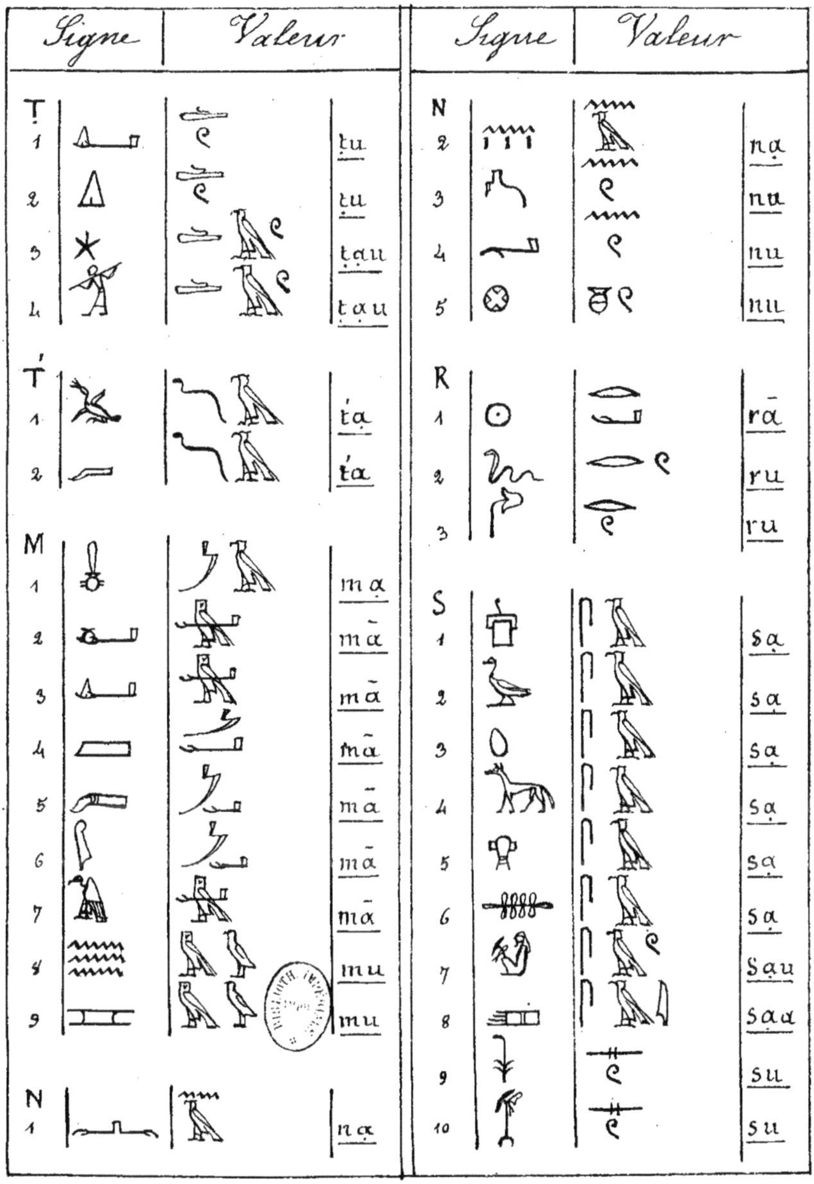
Signe
Valeur
Signe
Valeur
Ṭ
1 ṭu
2 ṭu
3 ṭạu
4 ṭạu
Ṫ
1 ṫạ
2 ṫa
M
1 mạ
2 mā
3 mā
4 mā
5 mā
6 mā
7 mā
8 mu
9 mu
N
1 nạ
N
2 nạ
3 nu
4 nu
5 nu
R
1 rā
2 ru
3 ru
S
1 sạ
2 sạ
3 sạ
4 sạ
5 sạ
6 sạ
7 sạu
8 sạa
9 su
10 su

Signe		Valeur	
Š			
1			ša
2		?	šā ?
3			šu
χ			
1			χạ
2			χu
3			χu
4			χu
χ			
5			χu
6			χi
Ḥ			
1			ḥa
2			ḥâ
3			ḥā
4			ḥu
5			ḥu

A

N°	Signe	Valeur	
1			āf
2			ạb
			ab
3			ab
4			ab
5			ab
6			ab
7			ab
8			ab
9			ab
10			ab
11			ab
12			ab
13			āb
14			āb
15			āb
16			āb
17			ap
18			āk
19			at
20			aạt
20bis			aạt
21			aạṭ
			aṭ
22			ạṭ
23			ạt
			aṭ
			āt
24			at
25			āṭ
26			am
27			am
28			am
29			am
30			ām
31			ām
32			an
33			an

	Signe	Valeur	
A			
34			an
			ān
35			an
			ān
36			an
			ān
37			an
			ān
38			ar
39			ar
40			ār
41			as
42			as
43			as
44			as
45		?	as
46			as
47			as
48			as
49			ạs
U			
1		,	ub
2		,	ub
3			uạb
4			ut
5			uạt'
6			un
7			un
8			ur
9			ur
10			uạs
11			uạḥ
F			
1			fet
B			
1			bek
2			bet
			beṭ

	Signe	Valeur	
B			
3			betạ
4			bes
5			bāḥ
6			bāḥ
P			
1			pek
			peḳ
2			pet
3			peṭ
4			pet'
5			per
6			peχ
7			peḥ
8			peḥ
9			peḥ
K			
1			Keb
2			Keb
3			Kep

	Signe	Valeur	
4			Kep
5			Keṭ?
6			Kem
7			Kem
8			Kem
9			Ken
10			Kes
11			Kes
12			Kes
Ḳ			
1			Ḳem
2			Ḳem
3			Ḳen
4			Ḳer
T			
1			tep
2			tep
3			tep
4			tut

Signe		Valeur	
T			
5			tem
6			ten
7			ten
8			tar
9			tes
10			tes
11			teh
Ṭ			
1			ṭeb
2			ṭeb
3			ṭeb
4		?	ṭeb ?
5			ṭep
6			ṭet
7			ṭem
8			ṭem
9			ṭem
10			ṭen
11			ṭen

Signe		Valeur	
12			ṭes
13			ṭes
T́			
1			t́ef
2			t́eb
3			t́eṭ
4			t́eṭ
5			t́eṭ
6			t́et́
7			t́ạr
M			
1			met
2			men
3			men
4			men
5			men
6			men
7			mer
8			mer

	Signe	Valeur	
M			
9			mer
10			mer
11			mer
12			mes
13			mes
14			meḥ
15			meḥ
N			
1			neb
2			neb
3			neb
4			net
5			neṭ'
6			nem
7			nem
8			nem
9			num
10			nen
11			nen
12			nen
13			nar
14			naṣ
15			neḥ
16			neḥ
17			neḥ
R			
1			reṭ
2			reṭ'
			reṭ
			rut
3			reṭ
4			rer
5			res
6			reχ
S			
1			seb
2			sab
3			sep

	Signe	Valeur	
S			
4			sep
5			sep
6			sep
7			sep
8			sep
9			sek
10			sek
11			sek
12			sek
13			sek
14			set
15			set
16			stạu
17			sạt
18			set
			set
19			set
20			sem
21			sem

	Signe	Valeur	
S			
22			sem
23			sem
24			sem
25			sem
26			sen
27			sen
28			sen
29			ser
30			ser
31			seš
32			saḥ
33			saḥ
34			saḥ
35			saḥ
36			seḥ
37			siḥ
Š			
1			šef
2			šep

Signe		Valeur		Signe		Valeur	
Š							
3			šep	9			χen
4			šep	10			χen
5			šep	11			χen
6			šeṭ	12			χen
7			šen	13			χen
8			šen	14			χen
9			šen	15			χen
10			šra	16			χer
11			šra	17			χer
12			šes	H			
				1			heb
Χ							
1			χeb	2			hen
2			χeb	Ḥ			
3			χep	1			ḥeb
4			χet	2			ḥep
5			χem	3			ḥep
6			χem	4			ḥep
7			χem	5			ḥek
8			χen	6			ḥek

www.ingramcontent.com/pod-product-compliance
Ingram Content Group UK Ltd.
Pitfield, Milton Keynes, MK11 3LW, UK
UKHW012031240726
13965UKWH00002B/705